看見孩子的
高敏感天賦

兒童精神科醫師的高敏感兒教養法，
讓怕生、愛哭鬧的孩子發揮優勢的
13則安心處方箋

崔治鉉 著
鄭筱穎 譯

예민한 아이 잘 키우는 법:
서울대 정신과 의사의 섬세한
기질 맞춤 육아

重點提示

- 本書中出現的案例，主要針對教養高敏感兒所面臨到的問題進行剖析。個案中的人名與內容，皆與真實人物事件無關。
- 本書旨在幫助家有高敏感兒的父母，提供實用的育兒方法及理想的教養態度，建議父母們可以從第一章開始依序閱讀。倘若需要立即尋求特定方法解決問題，則可以按照第一章、第三章、第四章、第二章的順序閱讀。

前言

教養高敏感兒必須掌握的原則

今天又遇到一位高敏感兒。孩子牽著媽媽的手，一臉惶恐地走進診間。孩子躲在媽媽身後，時不時地偷瞄我，只要跟我一對到眼，就立刻移開目光，看起來像是不知所措，又像是害羞。

我帶著微笑親切地向孩子搭話，但成功機率大概是一半一半。有的孩子依舊躲在媽媽身後，有的甚至會哭著說要離開。嗯，就連身為兒童精神科醫師的我，也拿哭鬧的孩子沒輒，你說是吧？

這些父母之所以出現在我的診間，往往是擔心自己的孩子過於敏感。為了取得必要資訊，我會先觀察父母和孩子的互動。經過客觀評估後，試著找出方法幫助他們，把我所觀察到的情況和合適的解決對策，進一步向父母們解釋。

然而，有些情況難以用三言兩語解釋清楚。儘管我已竭盡所能，但由於看診時間過短，經常覺得自己說得不夠詳盡。身為醫師的我，內心總是充滿遺憾。於是，決定提筆寫這本書，希望對高敏感兒的父母稍有幫助。

為了讓讀者更容易理解，我將採取重點式說明。不是站在醫生的立場和病人溝通觀念，而是以關心朋友的角度出發。

衷心期盼這本書，除了傳達知識外，也能讓讀者內心獲得安定。高敏感的孩子並不是像大家擔心的那樣，只是稍微與別人不同而已。

《看見孩子的高敏感天賦》這本書包含以下幾項特點：

第一，**簡明扼要地闡述父母必須知道的高敏感兒教養守則**。父母不必學習所有複雜艱深的教養知識，過多的資訊反而會令人暈頭轉向，無法區分什麼是重要的？什麼是次要的？因此，本書重點旨在幫助父母建立明確的教養態度。

為了讓大家更容易理解，我嘗試運用各種比喻和案例進行說明。專家的工作就是將艱澀難懂的專業知識，轉化為易於理解的內容，因此我盡可能寫得淺顯易懂，只挑選重要的內容，以深入淺出的方式撰寫，相信更有助於讀者理解。

第二，**本書著重於父母的教養態度**。目前坊間已有不少關於「高敏感孩子」、「焦慮型孩子」這類的書籍，但大部份都是根據不同年齡層和特定情況，提供實際的育兒方法和教養策略。當然，學習面對高敏感孩子的應對之道，對父母確實有很大的助益。再加上針對不同狀況，提供不同解決方法，也會讓讀者讀起來更有信心。

然而，在這本書裡，比起單純提供解決對策，我更重視的是父母面對敏感孩子的態度。因為我認為父母的心態和看待孩子的方式，比實際的育兒方法更重要。教養並不是一門「技術」，關鍵在於「態度」。市面上很容易找到針對不同狀況和年齡層的教養因應之道，因此我深信以不同的觀點來寫這本書，對讀者更有幫助。

教養高敏感兒某種程度上和解數學題很像，卻又不盡相同。在解數學題前，必須先學會基本的加減乘除。如果不會四則運算，光是死背答案，一旦問題稍有變化，就不知從何下手。育兒也是如此，教養高敏感兒必須掌握某些原則，並以此原則為基礎，針對不同狀況，找出自己的解決方法。

不過，教養孩子並不像數學題只有唯一正解，育兒沒有所謂的標準答案。父母要試著把自己的態度放軟，根據不同時間點和狀況，找出適合孩子的教養方式。如果只是盲目地照著別人的建議去做，往往會徒勞無功。

這本書是如何養育高敏感兒的行動指南，而非問題解答本。希望各位讀完這本書後，能以適當的態度面對孩子的敏感。只要態度對了，無論遇到任何狀況，都能迎刃而解，也能稍微緩解父母的擔憂。

願所有為敏感所苦的孩子，以及為此感到焦慮的父母，都能展露出燦爛的笑容。

崔治鉉

目錄

CHAPTER 4

將敏感轉化成天賦的七張處方箋

CHAPTER 5

高敏感兒教養實例

CHAPTER 1

孩子為何如此敏感？

在第一章我們將了解「高敏感」一詞的定義。在解決任何問題前，必須先掌握隱藏在問題背後的本質。此時，掌握問題本質的有效方法，正是運用「概念化」❶。藉由概念化的過程，將具體且複雜的訊息和現象，轉化為一般觀念和知識。概念化幫助我們更容易理解問題，因為在觀察某種現象時，可以利用概念框架掌握訊息。

要了解敏感的孩子，也必須先掌握「高敏感族群」的共同特徵。雖然每個孩子的狀況不同，呈現出來的樣貌也不同，但從高敏感兒身上，可以看到一些共同特徵。面對孩子不同的狀況，解決問題的方法有千百種，需要投入大量的時間和心力。然而，只要能理解高敏感族群的共同特徵，問題相對就會變得比較簡單明確。

在第一章後半段，將進一步探討父母的心情，了解家有敏感兒的父母，最擔心哪些事？透過「概念化」的過程，檢視擔憂背後的原因。

高敏感兒的各種樣貌

「高敏感兒」是什麼樣的孩子？在父母的眼中，孩子看起來是什麼樣子？

高敏感兒從嬰兒時期就顯得與眾不同，經常無緣無故哭鬧，特別容易在睡夢中驚醒，對聲音、氣味、溫度和觸覺相當敏感，周遭環境只要稍有變化，馬上就能察覺出來。

高敏感兒在面對陌生環境時，通常情緒不大穩定。因此，以氣質類型而言，高敏感兒又被稱為是「難養型孩子」（Difficult child）。這裡所談的「氣質」（Temperament），是指與生俱來的行為模式。從各方面觀察孩子的活動力、作息時間的規律性、注意力集中與否、對刺激的敏感程度及主要情緒狀態等，就能了解

❶ 概念化（conceptualization）是心理學名詞，指的是對抽象概念的精細化和具體化。

孩子的氣質。

氣質不同的孩子，對周遭環境的感受和反應也不同。例如，二至三歲的幼兒坐在安全座椅上時，有些孩子會乖乖坐著，不會覺得不舒服，甚至會怡然自得地欣賞起車窗外的風景；但有些孩子一坐在安全座椅上，就開始哭鬧掙扎，聽到扣上安全帶的「喀噠」聲響，更是被嚇到渾身發抖。

從孩子的反應，可以看出天生氣質不同的孩子，對新環境的適應程度也不同。

那麼，五至六歲年紀稍微再大一點的高敏感兒，情況又是如何？

這時期的高敏感兒，通常被稱為是「易受驚嚇型的孩子」。這類型的孩子會害怕自己想像出來的鬼怪、害怕影子、害怕打雷，甚至聽到一點風吹草動的聲音也會害怕。雖然一般的孩子也會感到恐懼，但敏感型的孩子特別容易受到驚嚇。對於易受驚嚇的高敏感兒而言，就連和父母短暫分離，也是難以承受的痛苦。

也有些孩子對不熟悉的事物十分敏感，一到新環境或遇到陌生人，很容易感到緊張。這類型的孩子很難交到新朋友，總是習慣躲在父母身後看別人玩。

有的孩子則屬於感官敏銳型，他們對食物的質地和氣味有特別偏好，也會對某種特定的聲音或形狀特別執著或過度敏感。像是有些孩子很討厭電動理髮器的聲音，或是不喜歡被剪刀和梳子碰到的感覺，每次帶孩子去剪頭髮就像戰爭一樣。此外，對觸覺敏感的孩子，在面對壓力的情況下，很容易發生腹痛或呼吸急促的現象。

高敏感族群的共同特徵

父母眼中的高敏感兒，有各種不同的面貌。每個孩子的敏感程度不同，隨著年紀的成長，呈現出的敏感反應也不同。面對日常生活中的各種狀況，也會出現不同的行為反應。

因此，父母會感到茫然無措，不知該如何應對孩子的各種行為表現，對孩子與過去的行為表現不同深感憂心。此時，父母應該要做的，就是試圖找出「高敏感族群」的共同特徵。

在了解高敏感族群的共同特徵後，就不會覺得手足無措，也比較不會過度擔心。因為並非孩子又出現新的問題，只是表現敏感的方式不同而已。

那麼，高敏感族群究竟有哪些共同特徵？就讓我們一起來了解吧！

隨著孩子與生俱來的個性不同，
對新環境的適應程度也不同。

個性敏感的孩子，
面對周遭環境更容易產生恐懼，
擔心想像中的畫面成真、
對自然現象感到憂心、
害怕發生不好的事情，
甚至出現過度敏感的反應。

試著回想孩子在哪些情況下，
受到哪種刺激時，會變得特別敏感？

高敏感族群有哪些共同特徵？

「敏感」一詞，涵蓋的意思很廣。像是「我今天稍微敏感一點」，用來表達情緒狀態；或是「那個人對美的敏感度很高」，表示在某個領域的感知力很敏銳。有時描述一個人的性格時，也會以「敏感」來形容，像是「他的個性很敏感」。

那麼，究竟「高敏感族群」指的是什麼樣的人？

一般人腦海中對高敏感族群的印象，不外乎是對細微聲音特別敏感、容易為了一點小事緊張兮兮、過度在意旁人的表情和言行舉止、即使受到輕微刺激也會做出劇烈反應、經常擔心一些有的沒的、遇到不順心的事容易焦躁、感受力比常人更加敏銳……等。

高敏感族群有各種不同的面向，但大致上有兩項共同特徵。第一是容易受到刺激，第二是受到刺激後容易過度反應。

容易受到刺激，容易過度反應

相較於一般人，高敏感族群更容易受到過度刺激。即使是同樣的音量，在他們耳裡聽起來會更大聲；即使是同樣的疼痛，他們對疼痛的感覺更為敏銳。高敏感族群可以聽到一般人聽不到的聲音，感受到一般人感受不到的疼痛。

不只是感官刺激，就連在人際關係中，也比別人更敏感，更容易受到刺激。他們會過度解讀別人的表情和言語，察覺到一般人不會注意到的細微變化。此外，對於過去曾經發生過的事情，和未來可能會面臨的狀況，他們也更容易感到擔憂和焦慮。

高敏感人士除了容易受到刺激，受到刺激後反應也更大。即使是同樣的音量，他們會嚇到驚慌失措；即使是同樣的疼痛，他們的痛感更加劇烈。受到一點刺激，就會做出很大的反應。因此在一般人眼裡看來，會覺得他們跟別人不大一樣。

他們的心情也很容易受到別人的表情和言語影響，被稱讚幾句就雀躍萬分，被朋友拒絕就無比失落。他們可能會沉浸在過去的經歷而無法自拔，也會因為擔心未來而輾轉難眠。相較於不敏感的人，高敏感人士情緒起伏很大，也很容易過度擔憂。

這兩項是高敏感族群的主要特徵，其餘都是次要。頭腦聰明與否、偏感性或理性、是內向者或外向者、快樂或不快樂等，這些都不是高敏感族群的基本特徵。

高敏感人士可能很聰明，也可能不聰明；可能偏感性，也可能偏理性；可能是內向者，也可能是外向者，這些都是有可能的。當然，他們可能很快樂，也可能不快樂。

差別只在於敏感程度

此外，要特別強調的是，敏感程度和範圍因人而異。許多人會把高敏感族和非高敏感族一分為二，甚至認為高敏感人士各方面都很敏感。然而，高敏感族和非高敏感族無法以二分法判定。

每個人都有一定程度的「敏感」，但在某種程度上也可能對某些事物不敏感。

當一個人受到各種刺激時，可能會對某些刺激敏感，對某些刺激不敏感，例如有人可能對音量相當敏感，但對食物味道好壞不敏感。

高敏感族群有兩項共同特徵：

第一，容易受到刺激；

第二，受到刺激後容易過度反應。

你是否覺得孩子比其他孩子更敏感？

孩子在什麼情況下，會變得特別敏感？

或者，讓我們換一個方式問好了，

孩子受到哪種刺激時，反應會特別激烈？

高敏感兒童與成人的不同之處

高敏感兒童的基本特徵與高敏感成人相似，因為高敏感兒童本身就屬於「高敏感族群」。高敏感族群易受到過度刺激，受到刺激後反應容易過度激烈。高敏感兒也是如此。

高敏感兒童容易受到各種刺激影響，像是感覺、周遭環境、他人的表情和言語、想像中的畫面、杞人憂天的想法、自己犯的錯誤等，因此會比較愛哭鬧、容易受到驚嚇，也容易陷入擔憂和自責。

高敏感兒童接收訊息的雷達特別敏銳

不過，高敏感兒童與高敏感成人也有幾項不同的特徵。

與成年人相比，高敏感兒童情緒控管能力較差。因此，有時會被情緒牽著鼻子走，甚至被情緒壓垮。他們在情緒表達上也有困難，經常會以行為代替言語，來表達內心的不適。這就是為什麼高敏感兒童普遍給人比較愛哭、愛耍賴、耍孤僻，甚至會亂丟東西的印象。

由於孩子的認知能力尚未成熟，容易受到毫無根據的幻想或天馬行空的想法影響。有些孩子害怕想像中的魔鬼和妖怪，有的則是怕黑，怕燈一關就會有怪物或蟲子跑出來，或是擔心戰爭突然爆發、外星人入侵地球。

在孩子長大成人前，必須仰賴父母的協助，才能在這個世界上生存下去。因此，對孩子而言，與父母分離這件事，形同巨大的威脅。就像曾經迷路過的孩子，會寸步不離地緊跟著父母一樣，是再自然不過的事。因為在那一刻，孩子不知道父母身在何處，獨自一人在路上徘徊，感受到生死交關的威脅。

雖然高敏感兒童和高敏感成人擁有共同的特徵，但與成人相比，孩子更不善於控制情緒，敏感反應比成人更為劇烈。

正在閱讀本書的父母們，或許會覺得自己的孩子具備上述所有敏感特質，也可能會擔心孩子是否太過敏感。

造成孩子敏感的原因不盡相同，也可能會有各種不同的擔憂。然而，可以確定的是，高敏感孩子「接收外界訊息的雷達」，比一般孩子更敏銳。

由於他們接收外界訊息的雷達特別敏銳，但相較之下不善於過濾訊息，孩子經常因為受到過度刺激而感到很辛苦，再加上他們也比較不懂得表達自己內心的不舒服。隨著孩子長大，逐漸學會過濾訊息和表達情緒的方法後，才開始改善。

試著好好了解孩子吧！接下來我們來看看孩子外在行為表現的背後，內在的敏感狀態又是如何？

孩子聽到一點點聲音就會嚇哭嗎？

或者一關燈就會感到害怕，

還是動不動就會說怕鬼？

不妨試著理解孩子的內心狀態，

為什麼孩子受到一點刺激就容易崩潰？

為什麼孩子會害怕根本不存在的事物？

試著站在孩子的立場，

而非大人的角度思考看看吧！

孩子的敏感是天生的嗎？

作為一名兒童精神科醫師，經常有父母會問我：「為什麼孩子會這麼敏感？」「孩子的敏感是天生的嗎？是遺傳到先生（或太太）才會這樣嗎？還是我的教養方式錯了嗎？」

坦白說，這是一個難以回答的問題。如果回答是天生的，父母可能會因為無能為力而感到沮喪；如果回答是教養方式造成的，父母可能會對孩子感到愧疚不已。

敏感遺傳自父母

許多學者認為孩子的敏感特質是與生俱來的，確實有些孩子天生容易受到刺激，對刺激的反應更為激烈。根據研究顯示，全世界約有十五至二〇%的人口具有敏感特質。也就是說，五個人當中就有一個是高敏感族群，看似比想像中的還要多，但似乎又還好。

實際上，針對雙胞胎受基因影響的程度進行研究，根據研究結果顯示，基因百分之百相同的同卵雙胞胎，比基因百分之五〇相同的異卵雙胞胎，更有可能擁有相似的氣質。即使同卵雙胞胎從小在不同的家庭環境下長大，擁有相似氣質的機率還是很高。

就算不看這些研究結果，憑直覺我們也知道敏感是天生的。就像有些孩子從小就能睡過夜，有些孩子卻很容易被一點聲音驚醒。即使是同一個媽媽生出來的孩子，老大可能很敏感，但老二卻很遲鈍。由此可見，每個孩子都有不同的個性，而這些特質是與生俱來的。

事實上，父母本身如果是高敏感的人，孩子很有可能也會遺傳到父母的敏感特質。「〇〇跟你小時候簡直一模一樣！」祖父母對父母所說的這句話，不僅是指外表相似。可以確定的是，父母大部分的個性特質會遺傳給孩子。

不過，造成敏感特質的原因，難道只有遺傳因素嗎？

當然不是。敏感特質雖然是與生俱來的，但可能會因為父母的教養方式、孩子的成長環境不同，導致敏感程度加劇或減緩。「父母如果是高敏感的人，孩子很有可能也會是高敏感兒。」這句話所代表的意思是，敏感特質除了會受到先天遺傳基因影響，也會受後天教養方式的環境因素影響。

例如，如果父母總是處於緊張焦慮狀態，孩子必然也會特別容易緊張焦慮。當孩子輕輕拍了父母的屁股一下，父母若是過度反應，孩子會透過觀察父母的反應學習。如果父母害怕發生不好的事情，不敢讓孩子獨處，孩子可能會覺得這世界到處充滿了危險。適度關心孩子安全的父母，和容易過度擔憂的父母，傳遞給孩子的訊息是截然不同的。

當父母逼迫孩子或試圖控制孩子時，也會造成孩子的敏感加劇。原本就容易因為受到外在刺激而過度反應，容易感到疲憊的孩子，再加上難以承受的壓迫，只會讓孩子感到身心俱疲。

當孩子疲倦時，就無法好好去調適自己的狀態。受到刺激時，會變得焦躁易怒，或只想逃避。面對這樣的孩子，父母若採取強硬態度，只會導致惡性循環。對於高敏感孩子可能出現的一切行為，父母一旦出手干涉，孩子就無法學會與敏感共處。孩子必須親身經歷過，才能體會到這世界並不像他所想的那麼危險、可怕。唯有親身經歷過，才懂得如何自我調適。

倘若父母過度干涉孩子的行為，孩子會失去自己解決問題的成就感和自信心。缺乏成就感和自信心的孩子，無法鼓起勇氣邁向未知的世界。

許多研究顯示，孩子的嚴重焦慮與父母過度干涉的態度有關。反之，孩子所感受到的成就感，可以幫助孩子減緩焦慮，避免受到父母態度影響。父母的情緒會影響孩子的成長，此種現象被稱為「中介效應」（mediation effect）。總歸而言，父母過度的干預只會加劇孩子的焦慮，導致孩子成就感低落。

影響敏感程度的其他因素

企圖扭轉孩子性格的教養態度、父母對敏感的錯誤認知、對高敏感兒不友善的環境，也會讓孩子更加畏縮。以負面眼光和評價看待孩子，只會讓孩子更在意他人眼光，造成自信心低落，恨不得把自己藏起來，變得越來越孤僻。

此外，影響敏感程度的環境因素，還包括了被朋友拒絕或欺負的經驗、因缺乏社交能力與同儕相處困難、與家人分離、轉學、遭受暴力對待等壓力性生活事件（stressful life events）。

就像曾經被狗咬過的人，日後會對狗產生恐懼一樣；生活中的負面經驗，也會讓敏感變得更加嚴重。影響敏感程度的因素，除了孩子天生的個性和父母的教養方式，也會受到環境因素影響。讓我們透過以下案例，看看遺傳和環境因素如何影響敏感吧！

一位名叫貞秀的孩子，天生個性不善與人交際，喜歡自己一個人玩。貞秀的個性也很小心翼翼，一看到陌生人就會緊緊黏在父母身旁。

容易緊張擔憂的父母，也不願讓貞秀獨處。貞秀很少有機會可以認識新朋友，她從父母那裡接收到的訊息，似乎在告訴她這世界是危險的地方。

貞秀不易與人親近，總是緊張兮兮。身邊的同齡小朋友不是嘲笑她，就是不願意和她一起玩。

內心受傷的貞秀，越來越害怕與人相處。不想和小朋友一起玩，久而久之，她對交際聚會場合更加陌生，在人際關係中變得越來越敏感。與生俱來的個性和教養方式，再加上人際關係不睦造成的壓力，加劇了她的敏感程度。

教養態度與教養環境的重要性

除了孩子的先天氣質，教養方式和環境因素也會影響孩子的敏感程度，這表示只要父母的教養態度和教養環境稍作改變，即使是高敏感的孩子，也能學會調適敏感的方法。

如果父母可以不要那麼緊張，從容地看待孩子的行為，多給孩子一些機會自己去體驗，孩子就能調適自己的敏感，免去不必要的痛苦。

接納孩子的特質，讓孩子知道自己是獨一無二的，不斷地鼓勵孩子，在這樣的環境下長大，孩子就能帶著自信邁向世界。

不妨這樣想想看，狗狗的品種非常多，不同品種的狗，個性也都不同。比熊犬個性活潑開朗、黃金獵犬溫馴憨厚，一隻狗的性格取決於牠的品種，隨著品種不同，社交性、活動力、敏感度都不同。

然而，即使是同一個品種的狗狗，生長在不同的環境中，個性也會有所不同。就像同樣都是比熊犬，有個性溫馴的比熊犬，也有個性兇猛的比熊犬；同樣都是黃金獵犬，有警覺心強的狗狗，也有好奇心強的狗狗。

飼主飼養方式不同，即使品種相同，呈現出來的樣子也會天差地別。當然，教養孩子與飼養寵物不能相提並論。舉這個例子，只是希望幫助大家理解基因和環境對性格的影響。

如同前面所說，高敏感孩子天生接收訊息的雷達特別敏銳。然而，過濾訊息的能力和情緒管控能力，卻需要靠後天培養。

不同的教養方式和環境，將決定孩子對接收訊息的雷達能否掌控得宜，或是因為無法控制而深陷痛苦。雖然已經提過很多次，但還是要再三強調，父母的教養態度和成長環境，都可能影響孩子的敏感程度，關於這點，請務必謹記在心。

加劇敏感程度的因素：

第一，父母的態度

第二，誘發壓力的事件

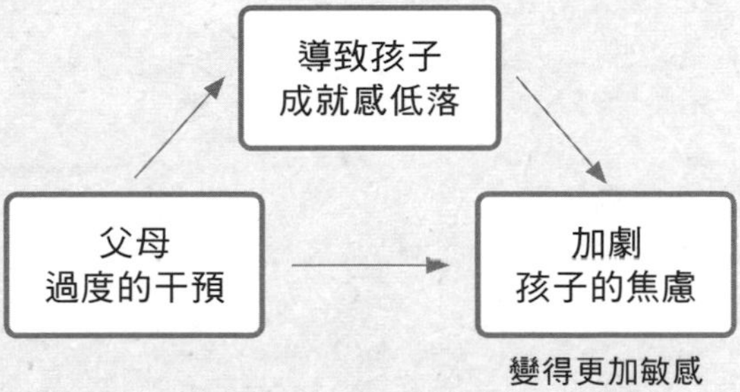

此外，在人際關係受挫或遭受暴力對待，

都會讓孩子變得更加敏感。

留意這些因素，

可以幫助孩子維持平穩的身心狀態。

任何人都可能會感到敏感

並不是只有天生敏感的人，才會出現敏感反應，任何人都可能會感到敏感。「敏感」的相反詞是「鈍感」，即使是天生鈍感的人，在某些時刻也可能會突然變得敏感。

針對這點，我也有過親身體驗。我在成為專科醫師前，必須經歷實習醫師、住院醫師階段。當我還是實習醫師時，和同事們每天忙到昏天暗地，連吃飯睡覺的時間都沒有。才剛躺下去睡覺，馬上就接到醫院的電話，忙完回家的路上，電話又立刻響起。現在回想起來，那段時間真的很辛苦。當時包括我在內，大部分的實習醫師神經都很緊繃。就連平時個性溫和的同事，在當時那段時期也經常不耐煩，連聽到一點點聲音也會被嚇到。我也被手機鈴聲折磨到甚至因此神經衰弱，到現在仍不願意聽見當年的手機鈴聲。

「暫時」變得特別敏感

像這樣在身心俱疲的情況下，「任何人」可能或多或少都會變得敏感。孩子也一樣，當沒睡飽或身體不舒服時，會容易哭鬧且特別敏感。

剛去幼稚園上課或剛到新學校時，平常身體健壯的孩子，可能會突然莫名地肚子痛，吵著不想上學，也可能容易感到焦慮。二寶出生後，大寶可能會變得跟以前不一樣，為了一點小事就生氣，也可能會出現退化行為。尤其當孩子碰到不如預期的事情時，敏感程度會更嚴重。

就讀國小低年級的智宇，曾經來找過我。搬家到陌生的地方後，智宇突然不願意和班上同學說話，變得很愛生氣。然而，讓智宇爸媽更擔心的是，智宇開始抗拒上學，即使是一點小事情，就容易緊張兮兮。

智宇時常杞人憂天，深怕父母會發生意外，老是緊緊黏著他們。智宇的爸媽看到他這樣子，內心擔憂不已。

仔細觀察智宇後，發現孩子在陌生環境時，會變得特別敏感。我告訴智宇的爸媽不必過度擔心，只需要耐心陪伴等候。同時，也告訴他們幾個幫助孩子適應新環境的方法。

幸好，一段時間過後，智宇漸漸不排斥上學，也開始願意開口和同學說話，重新找回內在的安全感。智宇原本個性就比較怕生，容易感到緊張，突然到陌生環境的孩子，只是在這段時間暫時變得特別敏感而已。

暫時的敏感和天生的敏感雖然不同，但父母必須要了解，任何人都可能會變得敏感。這樣一來，當孩子變得比較敏感時，才能以從容的姿態應對。面對孩子目前的表現，父母不必過度擔憂，孩子並不是一直都會這樣。此外，這也有助於跳脫「敏感與鈍感」、「異常與正常」、「對與錯」的二元對立思維。

跳脫二元對立的思維框架

敏感和鈍感沒有明確的區分標準，人也不會一直處於敏感狀態，或對任何事情都很無感。每個人都有一定程度的敏感，也有一定程度的鈍感，有時會變得特別敏感，有時則不會。只要清楚理解這點，就能跳脫「孩子總是大驚小怪」、「孩子總是一副無所謂的樣子」這樣的僵化思維。

孩子可能會因為當天的狀態，顯得平靜或焦躁。父母應該根據孩子的狀態隨機應變，不必太過在意孩子暫時的呈現，只要抱著「孩子今天好像稍微比較敏感，要再多觀察注意」這樣的心態即可。

面對敏感的孩子，父母必須以溫和包容的態度應對。

「敏感與鈍感、異常與正常、對與錯」

跳脫二元思維框架，

如實地接納孩子原本的樣子。

任何人都可能會變得敏感，

當我們能夠意識到這點，

就能抱著輕鬆的心態面對孩子的狀況。

對敏感抱持負面觀感的原因

敏感的人容易受到外在和內在刺激，受到刺激後反應也比較大。這樣的特質本身並沒有好壞，也沒有對錯之分。然而，大部分的人卻對「敏感」抱著負面觀感。從「你怎麼這麼敏感？」這句話裡，隱約就能聽出帶有指責的意味。

為什麼「敏感」特質會被貼上負面標籤？這是因為無法調適敏感特質時，往往會招致負面結果。

因過度敏感而感到不快樂

如果無法調適自己的敏感特質，生活會過得很辛苦。受到一點刺激，就會反應過度，容易感到疲憊；聽到一點點聲音，或看到一點點光線就會醒來，常常因此精神不濟。

太過在意別人眼光的人，容易緊張兮兮，擔心被人拒絕或遭受批評，因而不敢說出自己想說的話，內心為此感到鬱悶不已。對人際關係敏感者而言，頻繁參加聚會是很痛苦的事。

過度在意他人評價的人，在考試或上臺發表前會深陷焦慮。擔心自己準備不足、害怕失誤、怕成為別人的笑柄……各式各樣的想法在腦海中盤旋。

不懂得調適敏感的人，也會帶給別人困擾。他們可能會強迫別人必須按照自己的規定，缺乏變通彈性，顯得太過固執。如果事情不如預期，挫折感會很重，也會變得焦躁易怒，會被旁人貼上不懂得變通、過度偏執、容易發脾氣等負面標籤。

深陷敏感所苦的人，工作上也可能受影響。因為過度追求完美，難以按時完成工作，有時甚至會因為無法做出完美的結果，一開始就選擇逃避，反而錯失了許多機會。

感受力太強的人，也很容易因為一點小聲音或溫度變化而分心，只要旁邊有人經過，就很難繼續專心工作。此外，由於感官過度敏感和情緒起伏過大，無法控制自己的身心狀態，可能會經常遲到或早退。

有些敏感的人會因為自己的敏感特質而感到不快樂，甚至責怪起自己：「我怎麼會這樣？」、「為什麼只有我會這樣？」一直沉浸在過去中無法自拔，不斷想起自己曾經犯過的錯，或是擔心自己又犯錯。陷入自責與懊悔之中，因而感到難過焦慮，自尊感變得越來越低落。為了躲避負面情緒和舒緩緊張情緒，也可能會沉迷於菸酒。

關鍵在於自我調適能力

倘若無法好好調適自己的敏感，不僅自己難受，也會讓別人感到不舒服。我們必須知道的是，上述這些情況並不是敏感本身所造成的，而是因為無法妥善調適敏感所產生的問題。

許多人誤以為這些負面問題，是與生俱來的敏感特質所造成的，因而對敏感抱持負面觀感。但這些問題與敏感特質本身無關，而是不善於調適敏感特質所造就的結果。

敏感本身並沒有好壞之分，只要好好調適敏感，就能創造正面結果而非負面結果。所謂的敏感，是指受到刺激後容易有比較大的反應，並不能以好壞、對錯、正常或不正常的標準來判斷，請務必將這點銘記在心。

倘若無法好好調適自己的敏感，

不僅自己難受，也會讓別人感到不舒服；

反之，若能調適自己的敏感特質，

就有機會創造出正面結果。

父母必須觀察自己的感受

面對高敏感的孩子時，父母的心情很複雜。動不動就哭鬧、對某種食物或氣味特別執著或抗拒、為了一點小事大驚小怪、過度在意別人的眼光、害怕廁所沖水的聲音、就連綁鞋帶也堅持要按照自己的方式，看到這樣的孩子，父母的內心自然會湧出各種想法和感受。

許多父母會覺得高敏感的孩子特別難帶，無論是吃飯、哄睡、穿衣服都很麻煩，因為孩子愛挑食、容易驚醒，稍微有點不舒服就會哀哀叫，經常令父母頭疼不已。尤其和個性溫順的兄弟姊妹相比，教養高敏感孩子確實需要耗費更大的心力。

父母的教養倦怠

有時候，父母難免也會對孩子產生厭惡感，即使孩子再可愛，也會因為被孩子搞得心力交瘁而心生厭惡。「他是故意來整我的嗎？」、「他是因為討厭我才這樣嗎？」一旦出現這樣的念頭，就會忍不住火冒三丈。因此，我們有時會用兇狠的目光瞪孩子，也可能會大聲怒斥。

不過，父母生完氣後，內心馬上就湧起一股愧疚感，並且對生氣的自己感到失望。「是不是我沒把孩子教好才會這樣？」、「我是不是沒資格當孩子的爸媽？」陷入自責的情緒，更覺得愧對孩子。

因此，有些父母會責備自己的無能，對教養失去動力。看到孩子毫無改變，也會因為失望而感到無力。另一方面，有些父母則是設法想要改變孩子，甚至不惜展開親子間的戰爭，採取強硬的態度，想讓孩子不要那麼「敏感」。

根據多項實證研究顯示，父母的想法和情緒會影響教養孩子的方式。當父母陷入負面情緒或壓力過大時，很容易會對孩子不耐煩。反之，父母情緒穩定時，會對孩子比較有耐心，展現出正向的態度。

那麼，想成為好父母，難道就不能有任何負面想法和感受嗎？一旦出現負面情緒，就是糟糕的父母嗎？

當然不是。任何人都無法完全掌控自己的心情，父母也會有倦怠的時候，也可能會對孩子不耐煩，或覺得自己做得不夠好而感到難過。並不是陷入育兒倦怠，就表示你不是好爸媽；也不是對孩子不耐煩，就表示你是糟糕的父母。

偶爾無法以充滿愛意的眼神看待孩子也無妨，面對孩子的負面情緒會感到心煩意亂，也是人之常情，並不是做錯了什麼事。然而，父母應該觀察自己對待孩子的方式，是否因為情緒狀態而有所不同。

只要能察覺到自己的不舒服，盡量避免對孩子發脾氣或逼迫孩子就好。只要今天比昨天、明天比今天再更進步一些就好。想要做到這點，父母必須好好觀察自己的內心。唯有了解自己的內心，才能進一步掌握源自於內在的外在行為。

在這裡提供一個方法，幫助大家覺察自己的內心狀態，那就是對於自己所感受到的情緒，不去評斷對錯，而是去思考自己（身為父母）和孩子的個性差異，對自己情緒造成的影響。

練習客觀地看待關係

倘若父母和孩子個性天差地別，往往無法相互理解。個性獨立的父母，看到孩子一直黏著自己，不免會感到鬱悶；對於房間凌亂毫不在意的父母而言，看到堅持物品要擺放在特定位置的孩子，可能會覺得孩子特別難搞；樂於親近人群的父母，也可能看不慣孩子總是在意別人的眼光，一見到人就窮緊張。

相反的，若是父母和孩子個性十分相似，可能會導致焦慮和緊張感加劇。為了不讓孩子受到任何一丁點傷害，會過度保護孩子。擔心孩子經歷自己曾經遭遇過的痛苦，也可能會試圖掌控一切，避免這樣的情形發生。如果父母也一樣深受敏感所苦，看到孩子跟自己以前一樣，難免會感到擔憂。

這種自然而然形成的親子關係互動模式，來自於兩者間的個性差異。並不是父母不去試著理解孩子，也絕對不是父母不夠愛孩子。父母自己也不知道為什麼，看到孩子就心情鬱悶或產生焦慮的情緒，行為模式也會受到情緒影響。

想要進一步理解這種親子互動模式，父母必須要做出一些努力，那就是練習站在第三者的角度，去看待自己和孩子之間的關係。

父母應該客觀地看待自己和孩子，觀察自己是否因為彼此個性不同，落入某種特定的情緒和行為模式。身為父母，必須先了解自己和孩子之間的個性差異，察覺自己是否用同一套標準在要求孩子。能以客觀的角度看待親子關係，至少可以避免過度偏頗的教養方式，採取過度保護或過度放任的「極端」教育。

試著好好觀察孩子和自己的感受吧！看到孩子時，你的心情如何？孩子和你的個性相似嗎？還是跟自己個性相去甚遠？接納孩子對你來說容易嗎？還是很困難？看到孩子和自己小時候很像時，是否會更心疼？

父母應該好好觀察自己的內心，這也是教養高敏感孩子的父母，必須具備的教養態度。

父母必須好好觀察自己的內心狀態，
站在客觀的角度看待自己，
避免因情緒起伏，
影響自己對待孩子的態度。

父母在檢視自己內心狀態時，
對於感受到的情緒，不去評斷對錯，
而是去思考自己和孩子的個性差異，
對自己情緒造成的影響。

真正該擔心的不是敏感

父母看到高敏感孩子呈現出來的各種樣貌，不免感到憂心忡忡。隨著孩子呈現出來的樣貌不同，父母也會有各種不同的擔憂。不過，父母擔心孩子的原因卻是一樣的，基於望子成龍、望女成鳳的心情，讓許多父母因此陷入焦慮。

有的父母擔心孩子能力不足，尤其是與同儕相比，更容易加深父母的擔憂。到學校參觀上課時，看到孩子上課不專心，或是當老師發問時，其他同學都舉手踴躍發言，只有自己的孩子害羞不敢舉手，心裡難免會感到沮喪。

有的父母擔心孩子吃虧，因為個性敏感的孩子容易在意別人的眼光，不敢提出自己的意見，也不好意思拒絕朋友的請求。父母深怕孩子無法在險惡的世界中生存，認為孩子「應該要多為自己著想」，而不是處處顧慮他人的想法。

此外，有的父母也會擔心孩子和朋友處不來。因為孩子對某些事情有自己的堅持，一旦沒有按照自己的方式，會感到很痛苦，也會因此發脾氣。在別人眼中看來，或許會覺得孩子太固執或太霸道。

我遇過許多父母，他們之所以擔心自己的孩子太過敏感，追根究柢最大的原因，是他們害怕「孩子過得不幸福」。然而，「孩子長大有辦法適應學校和職場生活嗎？」、「他有辦法在險惡的世界生存嗎？」這些想法的背後，早已替孩子刻畫不幸的樣貌。當父母早已認定孩子缺乏自信、將來會被社會孤立時，只會徒增內心的擔憂。

父母真正應該擔心的是……

我必須再次強調，大部份父母所擔心的，是敏感特質所衍生出來的「負面結果」，而非「敏感」本身。當孩子無法調適自己的敏感時，確實可能會面臨這些問題，父母出於擔心孩子，難免會感到挫折沮喪。

所幸，當父母願意採取不同的教養方式，替孩子打造不同的成長環境，就能造就不同的結果。父母的教養方式與孩子所處的環境，決定了孩子是否能調適自己的敏感，也會影響結果的好壞。

父母應該要做的是，幫助孩子學會調適自己的敏感。當孩子能夠接納敏感的特質，練習與敏感的自己相處，孩子就能過得比誰都幸福。

因此，對於高敏感的孩子，父母不必太過擔心。高敏感的孩子也可以活得自信又勇敢，「敏感」反而是孩子獨有的天賦能力，下一章我們會再更深入探討，如何協助孩子將敏感化為獨特的優勢。

隨著父母的態度和環境不同，

孩子的敏感程度也會有所不同。

父母可以幫助孩子學會調適自己的敏感，

引導孩子善用他們與生俱來的敏感特質。

當孩子能夠接納敏感的特質，

練習與敏感的自己相處，

孩子就能過得比誰都還要幸福。

專欄——父母必須要知道的事

焦慮與恐懼是成長過程的自然產物

高敏感孩子很容易感到焦慮和恐懼，但孩子會有這樣的情緒，並不代表一定有問題。孩子在成長過程中，遇到某些特定的狀況會感到焦慮和恐懼，是再自然不過的現象。

只是，父母必須要觀察孩子究竟擔心的是什麼，是不是這個年紀的孩子都會害怕的事物？先了解孩子在害怕什麼，比急著幫助孩子擺脫恐懼更重要。

隨著年紀不同，孩子恐懼的對象也會有所不同。以高敏感族群的特徵（容易受到刺激，容易過度反應）而言，不同年齡層的孩子，容易受到刺激的事物也不同。

事實上，當父母因為擔心孩子過度焦慮的問題，前來找我諮詢時，我通常最先問他們的第一個問題是：「孩子年紀多大了？」這是因為想要知道孩子為何會有這樣的表現，必須先了解孩子目前的發展階段。若是這年紀正常會出現的症狀，父母只需要耐心陪伴即可；若不符合現階段的發展特徵，則要再多加留意觀察。

在孩子發展的過程中，如果父母可以事先了解，不同年齡的孩子可能會對哪些事物感到擔憂或恐懼，就可以減少不必要的擔心。另一方面，對於需要幫助的孩子，也能適時予以協助，避免錯過黃金時機。

● 未滿一歲

出生後未滿一歲的寶寶，特別容易受到驚嚇，聽到巨響或突然感覺自己往下墜時，本能地會產生驚嚇反射。當他們感受到生命受到威脅時，寶寶會感到恐懼。在這樣的情況下，孩子基於生存本能，自然會變得敏感。

出生六到八個月後，當寶寶與父母親分開時，會開始感到焦慮不安。由於這時期孩子必須仰賴父母才能生存，一旦父母不在身邊，就會產生焦慮，這種現象稱之為「分離焦慮」（separation anxiety）。一歲兩個月到一歲六個月是分離焦慮的高峰期，過了這段時間後會逐步趨緩，通常到了三到五歲左右，孩子的分離焦慮就會慢慢減輕。對孩子來說，父母是孩子眼中的唯一，看不到父母就會哭鬧。那麼，為什麼孩子在六到八個月前不會有分離焦慮呢？原因是孩子在六到八個月過後，才開始慢慢學會認人。

一歲到四歲

再來看看一歲到三歲，甚至是到四歲的孩子吧！這時期的孩子，開始學會走路，因此又被稱為「學步兒」。學步兒通常會怕黑，也會怕想像中的鬼怪，害怕鬼怪在黑暗中出沒，不敢一個人睡覺，硬是要爸媽在旁邊陪睡。有時他們還會跟瞌睡蟲打架，想盡辦法不睡覺。孩子怕黑、怕鬼怪的現象，大概要等到上小學左右，才會慢慢好轉。

五歲以上

五、六歲的孩子，則是特別害怕受到身體上的傷害，擔心會受傷，或怕被壞人綁架，也會怕打雷、閃電、水災等自然現象。之前孩子害怕的是現實生活中不存在的事物（怕黑、怕鬼），到這年紀則是會對真實存在的事物感到害怕（怕受傷、怕自然現象）。隨著孩子認知發展不同，自然會有這樣的轉變。

七歲以上

等孩子再大一點，開始會對人際關係感到焦慮。上小學的孩子，會在意課業成績、在朋友間受歡迎的程度、運動能力，想比同儕表現更出色，渴望獲得旁人的肯定與讚美。對青少年而言，他們很在意自己在同儕關係中的角色定位，以及旁人如何看待自己。在這段時期，孩子會擔心自己的言行對朋友造成的影響，也會很在意外表，這是很正常的。

簡單來說，隨著年紀不同，讓孩子陷入焦慮和恐懼的事物，也就是讓孩子變得敏感的事物也不盡相同。從攸關生存問題到社交焦慮；從害怕不真實的事物到害怕實際存在的事物。孩子會有這樣的轉變，都屬於正常的發展過程，這點請務必謹記在心。

高敏感兒的安心教養學（一）

- 根據下列幾項標準，評估孩子的敏感特質：
  - ・注意力集中或分散程度
  - ・受到刺激後的敏感反應大小
  - ・主要情緒狀態為何
- 「敏感」只是容易過度接受刺激，以及受到刺激後容易過度反應的特質，不應以好壞或對錯來評論。
- 相較於高敏感成人，高敏感兒童比較不善於控制情緒，更容易產生激烈的敏感反應。
- 尊重孩子與生俱來的特質，幫助孩子學會調適敏感特質。
- 當孩子學會與敏感的自己相處，就能活得比任何人更自信、快樂。

CHAPTER 2

高敏感兒的特別之處

許多父母希望透過閱讀本書，在教養高敏感兒的路上，獲得實質幫助。然而，書中雖然提供了各種育兒方法，但前提是父母必須以正面態度看待孩子，才能有效運用這些方法。

倘若父母只從負面角度看待孩子，即使給再多建議和方法也毫無幫助。情緒就像病毒一樣，會傳染給身邊的人，也有「情緒具有傳染性」一說。如果父母對孩子總是充滿擔憂與焦慮，這樣的情緒無形中也會傳染給孩子，無論採取任何教養方式都很難達到成效。

父母若能以正向的態度看待孩子，孩子就能獲得力量與勇氣。比起外在的言語和行為，父母內在的安定對孩子影響更大。高敏感孩子的父母，必須站在全新的視角看待孩子，欣賞高敏感兒身上獨有的亮點，自然就能放下擔憂與焦慮，打從心底以孩子為榮。希望閱讀完本章後，能幫助父母發現敏感特質賦予孩子的獨特禮物。

高敏感兒是與眾不同的孩子

教養高敏感兒最重要的是什麼？

運用正確的教養策略或找到適合孩子的教養方法固然重要，但更重要的是「父母的態度」，父母必須以正向心態看待孩子的敏感特質。

許多父母看到高敏感孩子的外在表現，可能會認為孩子很難搞，或覺得孩子跟別人不大一樣。如果父母抱著負面心態看待孩子，孩子會變得更難搞、更容易失控。反之，父母若能抱著正向心態看待高敏感兒，就能看到孩子獨特且富有創意的一面。

然而，大多數父母都認為「敏感是不好的」，因為他們把敏感特質和敏感所衍生出來的負面結果劃上等號。

敏感所衍生出來的負面結果，通常發生在無法調適敏感特質的孩子身上。這類型的孩子經常陷入焦慮，遇到不順心的事容易不耐煩，甚至亂丟東西，看起來就跟小霸王一樣。父母看到孩子的狀態，自然會認為敏感是不好的。

不過，並非所有高敏感兒皆是如此。懂得調適敏感特質的孩子，就會顯得冷靜穩重，也比較細心專注，反而相對地更有耐心，也更有毅力。此外，他們也善於傾聽，懂得替他人著想。

從新的角度看待敏感特質

如果認為敏感是不好的，那麼鈍感難道就是好的嗎？如果因為太過遲鈍，不懂得察言觀色，搞不清楚狀況呢？總是預先設想最壞的結果，並為此提心吊膽，固然不是理想的做法，但毫無想法、過度散漫也不是件好事。無論敏感或鈍感，過度極端都會造成負面結果。只要能避免過度極端的情形，適時調整自己的狀態，敏感或鈍感這些特質本身並不是問題。

敏感並無好壞對錯，只是稍微與眾不同。就像膚色深淺沒有好壞對錯，高敏感兒也只是比一般人的接收訊息的雷達更敏銳，更容易受到刺激，受到刺激後的反應更大而已。

雖然高敏感兒確實比較容易感到緊張，即使是微不足道的小事，也可能會因此焦慮不已。父母看到孩子為擔憂所苦的模樣，難免會因為心疼，而對敏感抱持著負面想法。我完全能夠理解父母的心情，但必須再次重申，敏感本身並不是件壞事。

以網球拍為例，打網球時使用初學者球拍的優點，是只要稍微輕輕碰到球，就能把球傳送出去，但這種球拍擊球的力量和穩定性較差。

反之，使用選手專用的進階球拍，雖然擊球的困難度提升，但擊球力道更強勁，穩定性較高，更利於精準控球。不過，並不能因此就認定進階球拍好用或難用，只能說需要花更多時間努力練習才能上手。

孩子的敏感特質並無好壞對錯之分，父母只需要引導孩子學會調適敏感特質。雖然可能需要花更多時間練習，但孩子一旦懂得善加運用自己的敏感特質，就能成為別人眼中欣羨的對象，就像擅長運用進階球拍的羅傑・費德勒（Roger Federer）

或拉斐爾・納達爾（Rafael Nadal）一樣。

　　高敏感兒經常因為大眾對敏感的偏見遭受誤解。敏感只是接收訊息的雷達比較敏銳，只要好好善用這項特質，也能將敏感轉化為特殊才能。不妨把孩子的敏感特質，視為一份特別的禮物吧！

敏感特質並無好壞對錯之分，

只是稍微與眾不同。

覺得孩子特別難搞、特別容易失控嗎？

不妨換個角度想想，

孩子有哪些獨特的天賦呢？

高敏感兒具有強烈的共感能力

高敏感兒的觀察力十分敏銳。我在診間遇到許多高敏感的孩子，他們會仔細觀察父母對我說了些什麼，同時也會留意父母說這些話時的表情。

就連躲在父母身後，不敢正眼看我的孩子，也一樣會豎起耳朵，注意聽我們是不是在聊關於自己的事。孩子只是假裝沒聽到，但其實早已聽進心坎裡。

有些父母也會告訴我：「孩子不會察言觀色，讓人很擔心。」他們之所以會有這種想法，似乎是因為即使有旁人在場，孩子照常亂發脾氣、無理取鬧的樣子。

然而，大部分的情況卻是相反的。孩子反而是因為太會察言觀色，經常不敢說出自己想說的話。假如孩子「明知道」會帶給別人麻煩，卻在別人面前亂發脾氣，極有可能是因為孩子控制不了敏感的情緒反應，「逼不得已」才會宣洩出來。我們應該要換個角度思考：「明明是如此在意別人眼光的孩子，居然會在別人面前這樣，孩子內心該有多麼難受？」

高敏感兒往往富有同理心，觀察力敏銳，能夠迅速察覺對方的情緒變化，也因此很容易被別人的心情、想法和期待影響。

他們可以敏銳地察覺到對方內心的渴望，設法滿足別人的期待。於是，他們就像小大人一樣彬彬有禮、貼心懂事，甚至會為了迎合父母的期待，成為「自律」的孩子。他們凡事小心謹慎，深怕冒犯別人，也會擔心自己是不是會造成別人的困擾。

高敏感兒的「共感能力」很強。所謂共感能力，是指能理解對方的心情與想法並感同身受。這是一種將自身與他人連結的能力，由於人類是無法離開人群獨自存活的群居動物，必須具備與他人連結的能力，人能透過共感能力感受彼此的愛與連結，相互扶持依靠。

要與他人產生共感，必須先關心對方並留心觀察。倘若對他人漠不關心，也沒有從旁仔細觀察的想法，就無法與他人產生共感。但高敏感兒很容易就能察覺到別人細微的表情變化，以及肢體動作所傳達出來的訊息，他們接收訊息的雷達特別敏銳，就連微妙的氣氛變化也能迅速掌握。

對他們來說，一旦理解對方的心情，就必須做出適當回應。先前也曾提到，高敏感兒能夠敏銳地察覺對方內心的需求，並設法滿足別人的期待。也正是因為他們很在意別人，對別人的反應特別敏感，才會有如此強大的共感能力。

共感能力強的好處

共感能力強的孩子，長大後對於需要迅速掌握群眾關心焦點或同理他人感受的工作，特別容易勝任。具有強烈共感能力的人，能及時了解對方的需求，得以率先掌握最新流行趨勢，或提供滿足消費者需求的服務。就連作家想要寫出觸動人心、引發讀者閱讀欲望的文字，也必須具備共感能力。

能夠讀懂他人的情緒並予以同理，也是出色的諮商師和精神科醫師不可或缺的能力。身為諮商師和精神科醫師，必須敏銳地察覺出個案的情緒和表情變化。在諮商的過程中，諮商師將自身所感受到的情緒當成一面鏡子，才能更深入了解個案（諮商對象）。換句話說，他們會善用敏感這項特質，讀懂對方的心情與感受。

倘若無法貼近個案的內在並具備敏銳的自我覺察力，就難以成為優秀的諮商師或精神科醫師。事實上，我身邊的精神科醫師朋友，雖然在程度上有所差異，但大部份也都有敏感的一面。

假如你的孩子很在意他人的眼光，不要因為看到孩子怯懦的樣子而感到難過，應該為看到孩子的潛力而感到開心。當孩子對周遭具有敏銳的觀察力，共感能力也會特別強烈。具有強烈的共感能力，自然懂得尊重別人，也能獲得他人的尊重。

而在那之前，父母必須先學會尊重孩子，懂得欣賞孩子的獨特。

高敏感兒觀察力十分敏銳，
很容易感受到他人的情緒、想法和期待，
具有強烈的共感能力。

不要因為看到孩子的怯懦而感到難過，
應該為看到孩子的潛力感到開心。

高敏感兒的感官能力特別敏銳

高敏感兒的感官能力特別敏銳，對外在刺激極為敏感，容易感受到外在事物的細微變化。

他們可以聽到一般人聽不太到的聲音，就連鳥鳴聲、風聲也清晰無比；能察覺到聲音的細微變化，並辨別出高低音，甚至進而創作歌曲。即使看到相同的顏色，在高敏感兒眼中也能看出不同的色調。對食物的味道、香氣和口感也相當敏銳，就算把青菜切碎加進其他食物裡，討厭吃青菜的高敏感兒，也能迅速察覺。

倘若說一般的孩子是透過普通螢幕看待世界，那麼高敏感兒就像是用超高解析度的螢幕在看世界。就連聲音也是高音質，而非普通音質。相信大家也都有過這樣的經驗，即使看的是同一支影片，用新款手機看的畫面更清晰、音質更好，感動也是加倍。高敏感兒也正是透過這樣的方式，在感受和體驗這個世界。

因此，即使是微不足道的事物，他們也能從中感受到幸福和感激之情。光是聆聽輕柔的鳥鳴聲和流水聲，也能感受到美好和喜悅。他們會為微風拂過相思樹的花香而陶醉，沐浴在和煦的春日陽光下，沉浸在幸福中；看到夜晚的滿天星斗，以及夕陽西下的美景，也會為此讚嘆不已。在別人眼中看來平凡無奇的事物，對他們來說卻像是一場藝術饗宴。

具有藝術天分的孩子

感官能力敏銳的人，可能在某些領域表現特別出色。視覺敏銳型的人，對物品形狀、排列、顏色區分具有強烈的敏銳度，可以在美術創作、室內設計、建築、藝術鑑賞等領域展現天賦。

聽覺敏銳型的人，則在音樂創作、聲音辨別和創造新的聲音等方面有卓越的表現。製作電影時，為了讓人有如臨其境的感受，除了臺詞和音樂外，還必須仰賴擬音師的音效，他們也都是聽覺相當敏銳的人。同樣地，對嗅覺或味覺敏銳的人，也有機會成為廚師或品酒師；對觸覺敏銳的人，不僅可以從事按摩師和物理治療師等工作，也可以在服裝設計、皮件設計、化妝品等領域展現優越的天賦。

高敏感兒不僅容易受到外在刺激，也容易受到內在刺激。有時候，他們會沉浸在自己的思緒中。對突然冒出來的念頭，不斷地抛出問題，也會展現出天馬行空的想像力和創造力，可以說是小小哲學家，也是不折不扣的夢想家。

對外在事物具有敏銳觀察力，對內心世界敏感，是藝術家的基本特質。藝術家看待世界的方式有別於一般人，想法也不同。若看待世界的方式和想法與常人無異，便無法成為出色的藝術家。藝術來自於以敏銳的感官感知世界，並賦予創造性的詮釋。因此，優秀的藝術家某種程度上都曾經是「具有敏感特質的孩子」。

敏感的孩子可以感受到別人感受不到的事物，已經具備足夠的條件，享受豐富的人生旅程，也能成為當今社會所需的創意人才。

以全新視角看待世界的高敏感兒，將會為世界帶來改變。而要讓孩子成為小小藝術家和哲學家，關鍵在於父母必須先發掘孩子背後的潛力。

高敏感兒的感官能力特別敏銳，

容易感受到外在事物的細微變化，

除了對外在敏感，內心世界也很敏感。

倘若一般的孩子是透過普通螢幕看世界，

高敏感兒擁有的就是超高解析度的螢幕。

光是聆聽輕柔的鳥鳴聲和流水聲；

也能感受到美好和喜悅。

即便是微不足道的事物，

也能讓他們感受到幸福。

高敏感兒是努力型的孩子

高敏感兒容易受到外在刺激和內在刺激影響，因此反應也更為劇烈，這是孩子與生俱來的先天特質。這種特質在發展的過程中，會衍生出另一種特質，像是「努力型」的孩子、「謹慎型」的孩子及「富有責任感」的孩子。

對高敏感孩子而言，他們非常害怕尷尬和失敗。認識新朋友或準備考試，都會讓他們比別人更焦慮。為了緩解內心的焦慮，孩子會事先做足準備。只要在認識新朋友前，先練習要說些什麼，並且在考試前充分準備，就能減輕焦慮。敏感特質所產生的焦慮感，也能成為孩子努力的動力。

高敏感的孩子個性謹慎小心，總是擔心會發生不好的事情，不斷地尋求安全感。凡事習慣做最壞的打算，就連堅固的石橋也要再三敲擊，確認安全無虞才能安心過橋。

這類型的孩子必須先經過事前仔細觀察，才能減輕對危險的擔憂。即便是短程旅行，也要再三確認需要準備的物品；就連和朋友一起玩，也會先觀察過周遭環境是否安全。他們的行事作風相當小心謹慎，深怕給別人添麻煩。

此外，高敏感孩子的責任感也很強。一旦決定做某件事情，就會堅持到底，絕不輕易放棄。其原因有很多，可能是因為不喜歡變化，也可能是不想讓別人失望；或是想滿足自己的高成就需求，抑或者是討厭失敗。

無論基於何種原因，他們都會努力堅持達成目標。即使面對難解的數學題，就算哭泣也不願意放棄。

善用敏感特質的成功企業家

事先做足準備、努力不懈、做好詳細規劃、謹慎且富有責任感和毅力的孩子，日後在社會上獲得非凡成就的可能性極高。事實上，在許多成功的企業家當中，有不少人具有敏感和完美主義的傾向。學會與敏感特質和平共處後所獲得的能力，對於成為領導者有極大的幫助。敏銳的直覺和豐富的創造力，這些敏感特質的附加優勢，也是造就成功的因素之一。

誠如眾所皆知，蘋果（Apple）創辦人史蒂芬・賈伯斯（Steve Jobs）也是高敏感一族。據說賈伯斯在研發蘋果手機時，除了產品尺寸、外觀、細節設計外，就連包裝盒的材質也要一一確認。他認為這是顧客看到產品的第一印象，因此連商品包裝外盒的觸感，也一併考量進去。

儘管他屢屢失敗，甚至被迫退出管理階層，但他始終沒有放棄，秉持強大的執念，最終創造出翻轉世界的智慧型手機——iPhone。賈伯斯憑著敏銳的直覺、洞悉顧客需求的能力，以及敏感特質伴隨而來的毅力和完美傾向，躍身為世界頂尖的企業家。

將敏感化為優勢

就像人們在適當的壓力下，會提升動力和工作效率；對高敏感孩子而言，敏感特質也是驅使他們前進的動力。

若是在沒有任何壓力刺激的情況下，內心雖然平靜，但也很容易會感到煩悶，對工作提不起勁。就像在考試前，假如還有很多時間準備，就沒有足夠的動力念書是一樣的。然而，在適當的壓力下，反而有助於提升專注力。相信大家也一定有過這樣的經驗，考試前一天臨時抱佛腳，讀起書來最認真也最有效率。

像這樣能夠提升工作效率，創造出正向結果的適度壓力稱之為「好壓力」（eustress）；反之，會讓人精疲力盡，最後不得不放棄的過度壓力則稱為「壞壓力」（distress）。因此，我們該做的並不是消除壓力，而是把壓力控制在適當的範圍內。

孩子的敏感特質也是如此，只要能控制得宜，不被敏感所控制，就能將敏感化為「好壓力」，成為孩子努力的動力。

此外，高敏感孩子還有一項優點，他們會不斷地尋求自我精進。因為他們對內在刺激極為敏感，會放大檢視自己的情緒、行為和想法，傾聽內在的聲音進行自我覺察，反省過去的缺失，修正需要改進的地方。

雖然他們的好勝心比別人旺盛，卻也讓孩子展現出更好的一面，這就是高敏感孩子成長的方式。

高敏感的孩子，是努力型的孩子，
個性謹慎小心，責任感強大，
也會不斷地尋求自我精進。

只要能將敏感控制得宜，
不被敏感所控制，
就能將敏感化為優勢，
造就孩子的成功。

現在正是高敏感兒的時代

韓國傳統社會觀念比起「個人」，更重視「群體」。我們從小學到的觀念就是不要太過顯眼，像別人一樣平凡過日子就好。此外，比起「個人差異」，更重視「男女有別」，認為男生就應該要有男生的樣子，女生應該要有女生的樣子。男孩如果因為太過敏感，而顯得不夠陽剛，就會試圖改變自己的個性；女孩則被認為女性天生就比較敏感，即使感到焦慮，也只是被要求要學會忍耐。

在重視「群體」和「性別差異」的時代背景下，以獨特的方式吸引大眾目光，或表現出敏感一面的男性，就會被大家認為是異類。

在過去，育有高敏感兒的父母往往會為此深感憂心，擔心敏感特質造成孩子的與眾不同。怕孩子跟別人不一樣，無法適應險惡的世界，深怕孩子遭受不公平的對待。事實上，許多高敏感兒也確實被貼上了「難搞」、「難相處」、「不夠男子氣概」等負面標籤。

過去不被接受的敏感特質

在過去，父母總是希望孩子不要那麼「敏感」，希望孩子平凡一點。比起幫助孩子展現獨特自我，反而不希望孩子引起他人關注。因為身處在對敏感充滿誤會和偏見的時代，這是他們認為能夠幫助孩子生存下來的方法。

然而，自己與生俱來的個性無法獲得尊重，孩子真的會幸福嗎？過去的孩子必須隱藏自己真實的樣貌，努力迎合別人的期待，勉強自己配合別人，假裝很開心的樣子。面對別人的負面評價，也會讓他們自尊感低落。有些人雖然活成別人喜歡的模樣，但那並不是「真正的自己」，會讓他們因此對自己感到陌生而痛苦不已。過去的時代背景，對高敏感的孩子相當不利。

但現在時代變了，「敏感」意謂著跟別人不一樣，而現今社會追求的正好是「與眾不同」。在這個年代裡，可以充分展現原本的自己，孩子不必勉強自己跟別人一樣，可以盡情做自己想做的事情，過自己的生活。

光是從電視上的歌唱比賽節目，就能看出差異。在過去會依循一定的標準，來判斷唱功好壞，評分的重點大部分都擺在「音色是否高亢明亮？音調和節拍是否正確？唱功是否出色？」這樣的評分方式，導致許多歌手都以類似的方式演唱歌曲，聲音缺乏特色。

但最近卻開始有所轉變，有些人運用敏感特質重新詮釋歌曲，反而讓歌曲變得更有生命力，獲得的評價也更高。即使稍微走音，稍微有些生硬，大家也能理解這就是個性化的呈現。就算沒有飆高音，唱功不夠華麗，只要能投入感情演唱，就能贏得眾人的喜愛。

許多創作者在YouTube頻道上創作著自己喜歡的內容，因為如果刻意迎合大眾喜好，反而會喪失競爭力。做自己感興趣的事物，慢慢會吸引到和自己興趣相仿的觀眾。獨特的敏感特質和個性，也會讓頻道訂閱人數增加。

現在是高敏感族的時代

隨著科技進步，即使足不出戶，對生活也不會造成太大的影響。對高敏感族群而言，承受過多外界不必要的刺激是很痛苦的。現在的時代不必到公司上班，在家也能工作，對這些人來說是一大福音。

首先，可以安心地待在家中上班，在家中進行線上會議，免去在公司上班時所承受的外在環境刺激，像是噪音、燈光及人際壓力等。接著，不必帶著緊張感面對人群，一個人也可以獨自工作。在家拍攝影片、寫程式，或是上傳自己創作的歌曲，這些都是可以一個人獨自完成的工作。對於害怕接觸人群的人來說，有越來越多可以從事的工作選項。

現在這個時代，對高敏感族群而言是機會。比起平凡無奇，獨特更具魅力，孩子不必再隱藏真實的自己。

擁有敏感特質的人，可以看見別人看不見的、聽見別人聽不見的、感受別人感受不到的，這是一項珍貴的天賦。讓我們一起協助孩子，盡情地發揮天賦吧！

過去看到高敏感的孩子，

或許會覺得他們特別難搞、社交能力不足；

但現在，敏感特質反而成了他們的特點，

擁有令人稱羨的天賦。

在這個比起平凡無奇，

獨特更具魅力的時代，

高敏感兒終於不必再隱藏真實的自己。

專欄——父母必須要知道的事

高敏感兒的社交能力與焦慮

良好社交能力

高敏感兒經常被誤認為缺乏社交能力，與人相處時會感到不自在或想要迴避。對於別人的表情、言語、感受、想法等特別敏感的孩子，在人多的地方容易感到疲倦，比較偏好小型聚會，也不會主動參與各種聚會、積極結交朋友。

然而，高敏感兒的社交能力並不亞於任何人，他們可以和朋友建立深厚的友誼。善於觀察的他們，對朋友體貼入微。和他們相處一段時間後，慢慢地也會了解到他們溫暖的心意。他們總是以誠懇的態度對待朋友，也因此獲得朋友的信任。

高敏感兒與生俱來的共感能力，讓他們懂得在朋友開心時，為朋友感到開心；當朋友傷心難過時，予以真誠的安慰。

具有高度共感能力的孩子，在採取行動前，會先觀察別人。根據過程中獲得的訊息，進一步理解對方，並同理他人的感受。事實上，高敏感兒擁有良好的社交能力，也懂得如何與人相處建立友誼。

● 焦慮是求生本能

如同前面提到的，孩子在成長過程中，針對特定對象或狀況會感到恐懼和焦慮是很正常的。但父母可能還是會抱著「孩子要是可以不要那麼焦慮，那該有多好」的想法，因為看到孩子陷入焦慮，父母內心也會跟著不安。

那麼，孩子為什麼會出現看似不必要的「焦慮」情緒呢？雖然是情緒發展過程中的正常現象，但是否有特殊的原因呢？

試想，假設現在有一隻老虎出現在你的面前，你會有什麼反應？想必會覺得害怕和緊張。就身體反應而言，可能會出現瞳孔放大、心跳加速、呼吸急促等現象，血液會流向肌肉，肌肉開始變得緊繃。為了對抗老虎，你的手裡可能拿著石頭或棍棒留意四周，要不然就是趕緊逃跑，找到安全的藏身之處。

當人類遭受生存威脅時，出於本能地會為戰鬥或逃跑做好準備。此時，會出現瞳孔放大、心跳和呼吸急促、流向大腦和肌肉的血液量增加等身體變化。這種現象稱之為「戰鬥或逃跑反應」（Fight or flight response），也往往伴隨著焦慮的情緒。

假如猛獸出現在面前，卻絲毫不會感到焦慮，那會發生什麼事？如果我們完全不緊張，甚至還想睡覺、軟弱無力呢？

我想，那樣的人大概很難存活下來。焦慮是在生存受到威脅的情況下所出現的情緒，幫助你啟動身體和心理防禦機制，發出警訊藉此增加生存機率。

事實上，以人類演化史而言，容易焦慮的敏感特質是有利於生存的。敏感的人才能憑直覺判斷周圍的野獸是否會造成安全威脅、待在什麼樣的地方比較安全、哪裡才能找到水和食物。

因此，敏感的人通常也擅長擔任領袖或預言家。在過去，對猛獸的威脅、異常自然現象等毫無防備的狀況下，擁有敏感特質反而是令人羨慕的。

自人類出現以來，已歷經數百年的時間，但容易焦慮的敏感特質並未消失。正是因為有這些擁有敏感特質的人，人類才得以保有多樣性，並提高生存機率。從進化學角度來看，敏感並不是一種選擇，而是必要。

如果孩子對周遭環境敏感，容易受到驚嚇，或許是因為他們的生存能力特別出眾。換作是在上古時代，這類型的孩子可能會為了因應未知的風險，開始試圖蓋房子、搭建圍籬和儲備糧食。

當我們清楚知道「高敏感兒是努力型的孩子」，某種程度上也就能理解高敏感兒內心的焦慮。

高敏感兒的安心教養學（二）

- 父母若能抱著正向心態看待高敏感的孩子，就能看到孩子獨特且富有創意的一面。
- 以全新視角看待世界的高敏感兒，將會為世界帶來改變。要讓孩子成為小小藝術家和哲學家，關鍵在於父母必須先發掘出孩子背後的潛力。
- 懂得調適敏感特質後，孩子會變得冷靜穩重，也會比較細心專注。因此父母的焦點應該擺在協助孩子調適內心的焦慮，讓他們學會與焦慮和平共處。
- 在這個比起平凡，獨特更具魅力的時代，幫助孩子將敏感特質發展成特殊天賦吧！

CHAPTER 3

讓父母不再心累的六張處方箋

在前兩章中，我們了解到高敏兒與生俱來的特質和優點。接下來，將針對教養高敏感兒部分，提供實質的幫助。在第三章，我們會帶大家了解父母面對高敏感兒時應抱持的正確心態，第四章則會再進一步闡述具體方法。

要抵達某個目的地，必須先確定大方向，再決定具體路線。一旦確定大方向，即使歷經峰迴路轉，最後也能抵達目的地。同樣的原則也適用於教養高敏感兒，當父母心態正確，就能找到具體的教養方法，走上正確的教養之路。因此，本書在探討具體育兒方法前，更著重於父母的教養態度。

有別於一般坊間書籍，大部分聚焦在各種案例的處理方法與解決之道，本書的重點主要著重在父母的教養態度。書中將以各種狀況為例，具體說明不同教養態度的呈現，這麼做可以讓父母更清楚，應採取何種教養態度對待孩子。

在閱讀完第一章和第二章後，相信大家對敏感的概念已有一定程度的理解，能從全新的視角看待孩子。接下來，也會再進一步探討具體的教養方法。

敏感並不是誰的錯

讓我們稍微整理一下前面提到的內容。敏感是與生俱來的特質，孩子並不是「故意」的，也不是父母「不會教」，才會讓孩子變得這麼敏感。敏感並沒有不好，若懂得善用敏感特質，敏感也能成為一種天賦。

因此，並不是父母或孩子犯了什麼錯。「犯錯」一詞本身代表做了不正確或不好的行為，但敏感並非缺陷或缺點，沒有所謂的對錯。敏感不需要修正或改進，更不是需要治療的問題。

偶爾有些父母會向我傾訴養育高敏感兒的辛酸苦楚，甚至會自責是不是自己不會教孩子。每當聽到父母告訴我，希望孩子可以「不要那麼敏感」、「不要那麼難搞」時，我的心情也很沉重。

當然，孩子和父母都可能會深受敏感特質所苦。看到孩子和同學處不來不想去幼稚園；或是稍有不順心就向父母大吼大叫；又或者容忍度極低，無法忍受任何一丁點不舒服，才會希望孩子可以不要那麼敏感，爸媽這樣的心情我完全可以理解。

接納孩子原本的樣貌

父母不需要指責孩子，也不必試圖改變孩子，更無須陷入無謂的自責。誠如優秀的演奏家，會讓樂器演奏出最美妙的聲音；父母所扮演的角色，也是幫助敏感的孩子盡可能發揮他們的天賦。

有些父母會強迫孩子改掉敏感的個性，甚至會責罵孩子，要他們不要這麼敏感。但敏感是天性，孩子無法改變，充其量只是勉強自己壓抑，父母和孩子都只是白費心力而已，反而還會造成反效果。

敏感的孩子可以從父母的言語和表情，察覺到父母是如何看待自己的，父母的負面情緒和想法都會傳達給孩子。如果父母認為敏感是不好的，可能會讓孩子因此失去自信。

當孩子抱著自己似乎做錯事的想法時，自尊心也會跟著降低。畏畏縮縮的孩子，只會盡可能地避免誘發敏感的狀況。這樣一來，孩子就失去了學習調適敏感特質的機會。這就是為什麼我一再強調，父母應該「接納孩子原本的樣貌」的緣故。

當父母接納孩子原本的樣子，孩子也才會感到安心自在。

以正向的心態看待孩子的敏感特質吧！那麼，孩子就不會產生不必要的愧疚感。告訴孩子：「你只是稍微與眾不同，因此比別人更特別。」光是這句話，就能帶給孩子無比的力量與勇氣。

父母希望孩子可以「不要那麼敏感」，

但這是不可能達成的心願。

父母應該接納孩子原本的樣子，

「你只是稍微與眾不同，

因此比別人更特別。」

你想改變孩子的敏感特質，

還是想幫助孩子發揮屬於他們的天賦？

不是不敏感，而是學會調適敏感

如果無法改變敏感的個性（事實上也無須改變），不妨試著學習與敏感共處。誠如我們無法消除日常生活中所有壓力來源，卻可以培養調適壓力的能力一樣，孩子也必須學會調適敏感，並善用自己的敏感特質。高敏感兒教養的目的就是幫助孩子適時調適敏感特質，以利孩子適應社會。

一個懂得控制敏感而不被敏感控制的孩子，是充滿自信的。即使遇到不舒服的狀況，也能採取適當行動，相信自己有解決問題的能力。碰到困難比起逃避，更想勇於挑戰。

這樣的孩子不會以負面的角度看待敏感，不會視敏感為洪水猛獸，而是當成全新的經驗看待。他們接納自己與眾不同的地方，並認為自己是特別的，自然會變得更有自信。

正確的教養目標

假如是在陌生環境下容易緊張的孩子，父母不必急於安撫孩子「不要緊張」，而是給孩子充分的時間，讓他們可以慢慢熟悉適應環境。父母只需要陪在孩子身邊，告訴孩子不安感會隨著時間慢慢消逝，並教孩子學會緩解緊張的情緒。

對於習慣察言觀色，總是想滿足別人期待的孩子而言，父母應該要盡可能地協助孩子坦率地表達出自己的想法和情緒，告訴孩子不必滿足所有人的期待，並教孩子怎麼做才能既不傷感情，又能明確傳達自己的想法。

如果孩子無法接受別人的批評，就必須培養孩子承受批評的能力；如果孩子是完美主義者，總是喜歡設定很高的目標，不妨告訴孩子不完美也沒關係。至少引導孩子不要落入自我批判，不要折磨自己。

如果是對於食物的香氣、質地特別敏感，而有嚴重偏食現象的孩子，只需要注意孩子的發育和健康問題即可。如果不是非吃不可的情況，即使孩子不吃也沒關係，應該讓孩子自己決定。

目標不是讓孩子變得不敏感

可以確定的是，如果把教養目標擺在想要教出不敏感的孩子，那麼注定會失敗。我們不可能教孩子完全不在意別人的批評，對任何事物都無感。要記得凡事有度，過猶不及。

如果能學會「適度」緊張、「適度」察言觀色、「適度」敏感，在這個世界上生存就不會有任何問題。

重點在於是否能學會與敏感共處，懂得調適自己的敏感特質。當一件事情能夠掌控就會成為一種能力，反之就會是痛苦。

一把銳利的刀，在料理菜鳥的手裡，可能會變成傷人的工具；但在專業廚師的手裡，卻能煮出一桌色香味俱全的美味佳餚。我們要做的並不是把銳利的刀磨鈍，而是學會用刀的技巧。

「教孩子學會調適敏感」這句話也表示尊重孩子與生俱來的氣質，也就是讓孩子知道「我會愛你原本的樣子」。如此一來，孩子不僅能學會調適敏感，也會懂得「尊重自己」。

父母所要做的就是，教孩子接納自己的敏感，並學會與敏感共處。

如果孩子總是習慣察言觀色，
想滿足別人的期待，
那就讓孩子知道
他不必滿足所有人的期待。

如果孩子無法接受別人的批評，
那就培養孩子接受批評的能力。

如果孩子對自己要求太高，
總是對自己不滿意，
那就讓孩子知道不完美也沒關係。

給孩子充分的安全感

爬山時如果想要攻頂，就需要仰賴基地營作為補給站。登山家們會在基地營稍作休息，確認天氣狀況並等待合適的時間點，再開始挑戰最後攀登。

在攀爬過程中，難免會遇到意想不到的關卡。可能有人受傷，或是天氣驟變，也可能身心狀態尚未做好準備。此時就會重返基地營，重新確認攀登路線和做足充份準備，調整好身心狀態後，等待下次機會的到來，最後再一舉攻頂。

假如沒有基地營，又會是怎樣的情況？

登山家就無法在最後攀登前獲得充分休息，也無法等待適合攀登的天氣。更可怕的是，遇到卡關的狀況時無處可回。

在攻頂途中發生問題卻無處可回時，會讓登山家感到焦慮。光是要維持最佳狀態就已經相當不容易，若內心陷入焦慮，成功攻頂的機率就越低。反之，如果知道有一個可以隨時回去的地方，也會讓登山家感到安心。

父母是孩子穩固的基地營

對孩子而言，他們也需要一個像「基地營」一樣的存在。孩子為了學會調適敏感，必須不斷地嘗試挑戰。如果因為害怕而逃避不舒服的狀況，孩子就無法學會與敏感共處。如果希望孩子能夠勇於嘗試挑戰，就必須讓孩子感到安心。當孩子獲得安全感，才有勇氣去冒險。當內在感到不安時，反而會讓人裹足不前，難以鼓起勇氣面對挑戰。

最重要的是，面對挫敗時能夠獲得安慰，才有動力再繼續挑戰。倘若孩子難以承受失敗的痛苦，就不會再挑戰。必須讓孩子知道失敗也沒關係，他們才會願意再次嘗試。

父母應該給予孩子願意挑戰的勇氣，孩子真正需要的是失敗時也能獲得安慰與鼓勵。

如果想為孩子打造像基地營一樣穩固的心理空間，父母必須先讓內在敏感焦慮的孩子獲得安全感。當孩子痛苦不安時，能在一旁陪伴孩子；當孩子受到不必要的刺激時，能協助孩子排除刺激原因。當孩子願意挑戰時，從旁予以鼓勵；即使失敗了，也能給孩子溫暖的擁抱。孩子看到這樣的父母，就能打從心底相信父母會一直守護在自己身邊，即使失敗了也能獲得安慰。

因此，如果孩子害怕與父母分離，不要硬把孩子拉開；如果孩子對聲音特別敏感，不要強迫孩子忍耐。不要因為急於讓孩子變得堅強勇敢，就忽略他的痛苦不安。

父母要做的應該是讓孩子感到安心，先給予孩子安全感。當孩子的內心安定後，才有勇氣再嘗試挑戰。

該如何給孩子安全感？

那麼，父母該如何給予孩子安全感？最簡單的方法，就是**經常和孩子眼神交**

流，並與孩子進行身體上的接觸。

如果孩子容易怯懦，請看著孩子的眼睛微笑；如果孩子容易不安，請握緊孩子的手；如果孩子容易受到刺激，請抱著孩子安撫他。透過眼神交流和身體碰觸，將父母溫暖的心意傳達給孩子。

父母也必須檢視自己的內心，當父母感到焦慮時，孩子也會跟著焦慮；當父母陷入愧疚時，孩子也會覺得自己似乎做錯事——孩子總能敏銳地察覺到父母的情緒狀態。

試著問自己：「我現在的心情如何？」光是這麼做，就能讓自己稍稍遠離負面情緒。當能以客觀的角度看待孩子的敏感，無論是父母或是孩子，都能逐漸重拾內在的安穩。

當遇到困難時，能給予孩子安全感的父母，將會成為孩子信任和依賴的對象。對孩子而言，擁有可以信任和依賴的對象，是一股很大的力量。

父母是孩子在這世界上第一個遇見的人，看見父母無微不至地照顧自己，孩子會對世界產生信任感，認為這世界是充滿善意的。

對孩子來說，父母就是他的全世界。如果父母是值得信任的，孩子便會認為這世界也是如此。當孩子抱著希望看待世界，認為這世界沒有（自己想像的）那麼可怕，就能戰勝不安和恐懼，願意勇敢去冒險。

從父母身上獲得的力量和勇氣，能成為孩子人生中的墊腳石，讓他們邁向更寬廣的世界。

根據心理學家艾瑞克・艾瑞克森（Erik H. Erikson）提出的「心理社會發展論」（Psychosocial developmental theory）❷，孩子在成長過程中，每個階段都有必須解決的問題和學習的事物。他主張出生後未滿一歲的嬰兒，必須學會「信任」父母，以及對世界抱以「希望」，信任和希望是人生的基礎，也就是「基地營」的概念。

孩子想要克服名為「敏感」的這座高山，途中勢必會歷經無數次的失敗才能成功。父母只需要在孩子成功時替他開心，失敗時予以安慰就好。即使孩子因為害怕而折返，只要充分休息後獲得勇氣，就能再次重新挑戰。

當父母就是孩子的後盾，孩子知道有一座無論何時都能夠回去的基地營，光是這樣的存在就能讓孩子充滿力量了。

❷ 艾瑞克森認為人的自我意識發展持續一生，他把自我意識的形成和發展過程分為八個階段。每個階段都奠基於上一個完成的階段任務，如果未能成功完成某一階段的挑戰，會在將來再次造成問題。

父母就像高山上的基地營一樣，
當孩子感到痛苦或不安時予以安慰，
替孩子排除不必要的刺激。

當孩子願意挑戰時，給予孩子鼓勵，
即使失敗了，也能給予孩子溫暖的擁抱。

當孩子相信父母會一直守護自己時，
孩子就有勇氣征服「敏感」這座高山。

不要太過急躁

育有高敏感兒的父母，不能太過心急。我之所以會特別強調這點，是因為高敏感兒父母普遍很容易心急。事實上，無論是來找我傾訴煩惱的友人，或是診間內遇到的父母，看起來都很心急。這是為什麼呢？

父母之所以會變得急躁，主要有兩種狀況：第一種情況是，當孩子「動作慢」時，父母會感到心急。

大部分敏感的孩子動作都比較慢。與其說是動作慢，更正確地來說，是因為他們有許多自己的堅持，執行上會耗費更多時間。堅持自己原則的孩子，需要更長的時間準備。

出門前，要選自己喜歡的衣服穿；就連綁鞋帶也有自己的方式，如果不是按照自己想要的方式，甚至會跟父母鬧彆扭。玩遊戲一定要玩到最後一刻才罷休，如果玩到一半父母說要出門，就會開始無理取鬧。

看到這樣的孩子，急著出門的父母擔心會錯過幼兒園娃娃車，或擔心今天又會遲到。當孩子動作太慢時，內心急躁的父母就會忍不住開始嘮叨，不停地催促孩子加快動作。然而，父母的催促和不耐煩，反而會加劇孩子的哭鬧。父母從一忍再忍變得忍無可忍，最後終於爆發，焦躁的心情瞬間轉為憤怒。

另一種情況是，當孩子「發展速度緩慢」時，也會讓父母感到焦躁。上述的第一種狀況是「動作慢」，主要針對孩子的動作和做事的速度；而第二種狀況指的則是孩子的發展速度。對高敏感孩子而言，所謂的發展速度，意謂著學習調適敏感特質的速度。

兩歲的孩子害怕馬桶沖水的聲音，父母通常不會覺得大驚小怪，但如果孩子到了五歲還是這樣，父母不免會感到擔憂。此時，若孩子因為害怕馬桶沖水聲而不敢上廁所，父母自然會感到焦躁。

父母越焦躁，孩子越不安

面對上述這兩種狀況，父母會陷入焦躁是很正常的。當孩子表現不如預期時，父母會感到焦慮，理所當然會擔心孩子是否有問題、擔心孩子比別人落後，這樣的心情我完全可以理解。

儘管如此，父母仍必須讓自己焦躁的內心安定下來。第一個原因是，當父母焦躁時，就會開始催促孩子。在上一章節中，我曾提到父母必須先給予孩子安全感。然而，催促和訓斥無法給予孩子安全感，反而會加劇孩子內心的不安。

當一再催促孩子時，無意間可能會傳達給孩子「敏感是不好」的訊息。尤其是對別人的話語、表情和情緒特別敏感的孩子，會感受到父母的急躁，更習慣看人臉色，以為自己是不是做錯事，而變得更加怯懦。

當然，準時去幼稚園上課、準時赴約也很重要。再加上，看到孩子發展速度比別人緩慢，父母會擔心是再自然不過的。一想到孩子萬一不會調適自己的敏感特質，那種焦慮的心情，我也能感同身受。

然而，這麼做並不會讓孩子因此動作加快或發展速度變快。即使動作加快，也只是出於畏懼，害怕父母銳利的眼神，而不是真正學會調適敏感。比起敏感帶來的不舒服，對父母的畏懼反而造成孩子更大的壓力。

父母必須讓焦躁的心情安定下來的第二個原因，是因為父母的情緒會傳染給孩子。當父母感到焦躁煩悶時，孩子也一樣感受得到。

擔心約會遲到、擔心孩子一輩子就這樣發展緩慢，不安和焦慮的心情會傳達給孩子，當孩子感受到這樣的心情，也會變得越來越沒有安全感。

父母應該表現得從容不迫，展現出稍微遲到也無妨的態度，讓孩子理解慢慢來也沒關係。如此一來，就能讓孩子獲得安全感。

即使孩子動作慢了點，即使孩子經常犯錯，也請耐心地守護孩子。先暫時放下手邊的事情，試著深呼吸，然後再問自己：「我現在是否感到很煩躁？」

從另一個角度來看，動作慢也表示孩子很謹慎，做事按部就班也表示孩子很細心，孩子必須親自動手做才會越來越熟悉，速度也才會加快。

即使孩子發展速度比較慢，也請耐心地等待孩子。學習調適敏感的過程並不是短跑，而是一場馬拉松。每個人跑馬拉松都有自己的步調，不能看到旁邊的人比自己快，就勉強自己迎頭趕上。

敏感的孩子也有屬於自己的發展速度，父母應該要接納孩子目前的發展現況。當然，這並非意謂著父母只要在旁邊看就好，當孩子需要協助時，也必須適時予以協助。大多數的時候，父母只需要抱著平常心，靜靜等待孩子成長就夠了。然而，大部分的情況是，父母並未給予足夠的時間等待。（針對需要適時介入予以協助的情形，將在書末進一步說明。）

練習不急躁

在這裡，也提供幾項練習不急躁的方法給各位參考。首先，先確認哪些情況會讓自己感到焦慮，再針對這些狀況找出解決方法。例如，擔心孩子上幼稚園遲到，就延長出門前的準備時間。

此時，請試著從孩子的角度思考，而非只是站在父母單方面的立場。父母應該思考的是：「孩子需要多少時間準備？」，而不是以父母的角度為標準，如果擔心赴約遲到而感到焦躁，也可以事先告知對方，請求對方的諒解。

如果怕孩子臨時有狀況，可以多抓三十分鐘做準備，就能準時赴約。雖然出門準備的時間變長，但至少比較不會因為害怕遲到而陷入焦躁。

另一個方法是，父母可以在內心問自己：「這件事有這麼嚴重嗎？」或者也可以進一步思考：「是不是我太堅持己見？」像是出門前，孩子如果想穿自己挑的衣服，父母不需要勉強孩子按照自己的想法。因為讓孩子穿自己喜歡的衣服出門，並不是什麼大不了的問題。減少不必要的親子衝突，可以為彼此節省時間和精力。

如果孩子想在冬天穿短袖出門，就幫他再多準備一件外套就好；如果孩子堅持穿睡衣去幼稚園，即使難以理解，就放手讓孩子這麼做吧，不必斥責孩子：「你穿睡衣去上學，會被同學笑啦！」其實覺得丟臉的只有父母，孩子絲毫不在意。要是孩子真的覺得丟臉，自然就會打消穿睡衣上學的念頭。父母應該思考的不是對錯問題，而是喜好和價值觀的差異。

如果擔心孩子沒有進步，不妨試著找出孩子今天比昨天表現更好的地方，或許心境上就會有所轉變。一開始，可能看不出孩子有什麼太大的改變，但只要認真觀察，一定能找到孩子表現變得更好的地方。如果還是找不到，可以拉長時間單位，以一週為間距，找出孩子比上星期更進步的地方。或者以一個月或一年為單位，像是明顯比以前懂事、不像以前那麼無理取鬧、不像以前那麼固執……，相信一定能看見孩子的進步。

原本不敢和朋友說話的孩子，願意主動和朋友打招呼，就表示孩子已經勇敢跨出一大步。即使不敢和朋友打招呼，但至少會看著朋友的眼睛微笑，這也算是有進步。即使只是和朋友相處時，表情看起來比較輕鬆，也是很大的轉變。

雖然步調緩慢，但越來越進步

有時候，並不是孩子沒有進步，只是父母沒看見而已。唯有用心尋找，才能從細微之處看見孩子的轉變。

看見孩子的改變越多，就能減少父母內心的不安。那是因為知道孩子並沒有落後於別人，而且正在持續前進。此外，當父母看見孩子的改變，孩子也能看見自己的成長與進步。

「你之前還很抗拒去幼稚園上課，但今天很勇敢耶！」試著把你的觀察告訴孩子，嘉許孩子的轉變。孩子就能獲得勇氣，更努力學習調適自己的敏感特質，也會慢慢愛上這樣的自己。

最後，我會建議父母留一些時間給自己。當身心疲憊時，也會容易變得煩躁。唯有身心保有餘裕，才能從容以對。

即使很短暫，也請暫時離開孩子身邊，擁有一段只屬於自己的時間，可以從事興趣活動或散步。如果連這樣的時間也不允許，哪怕只有十分鐘也好，泡杯喜歡的茶，聆聽輕快的歌曲或眺望蔚藍的天空，沉浸在茶香中。

為了能保有一小段只屬於父母自己的時間，不要猶豫向旁人請求協助，可以拜託家人、親戚或值得信任的鄰居幫忙。或者也可以利用政府提供的臨時托育服務，讓自己稍微喘口氣。當父母能擁有只屬於自己的片刻時光，才能放鬆心情，成為溫柔的父母。

父母會變得急躁，主要有兩種情況：

一、孩子動作慢

二、孩子發展速度慢

請先確認哪些情況會讓自己感到焦慮，

父母可以試著問自己：

「這件事有這麼嚴重嗎？」

「是不是我太堅持己見？」

此外，父母也應該擁有自己的時間，

唯有身心保有餘裕，才能從容以對。

「能避免就避免」原則

父母經常會告訴敏感的孩子：「稍微忍耐一下就好！」當孩子對聲音敏感時，希望孩子能稍微忍耐；當孩子害怕站在人群面前，希望孩子能鼓起勇氣。

如果父母和孩子的個性不同，很可能會不斷催促孩子，給予孩子壓力。比起個性和孩子相似的父母，個性和孩子不同的父母會更難理解孩子內心的想法。當父母不了解孩子時，很容易感到鬱悶，再加上對孩子抱有期待，心情上自然會變得更加急躁。

然而，父母不知道的是，孩子其實已經盡可能忍耐了，並不是不願意忍耐。對疼痛特別敏感的孩子，在向父母求助之前，可能已經到了他們能忍痛的最大限度；害怕接觸人群的孩子，可能壓力早就超過身心負荷，才會央求父母帶他們回家。

此時，請先同理孩子的感受，若是能避免的情況，就帶孩子離開現場。

也許孩子的忍耐已經到了極限

如果父母為了自己的私心，勉強孩子繼續待在壓力環境下，日後孩子遇到類似的狀況時，反而會感到恐懼想要逃跑，而不是鼓起勇氣面對。

在要求孩子忍耐前，請先確認孩子是不是已經忍耐到了極限？確認孩子是否有足夠的抗壓力能夠面對特殊狀況？是否已經做足準備？此外，也應該進一步了解孩子所承受的刺激，是否超過孩子的負荷？

對尚未做好準備的孩子而言，過度的刺激可能會造成情緒上的衝擊。內心受到衝擊的孩子，之後遇到同樣的狀況時，只會想逃避。這樣一來，孩子就永遠學不會控制敏感。當孩子還沒準備好時，與其勉強孩子忍耐，倒不如先讓孩子迴避。以長期來說，這是比較有利的做法。

唯有在準備充足的狀態下，在可承受範圍內受到刺激時，孩子才能鼓起勇氣面對，而不是被敏感擊垮。

此外，如果一直要求孩子忍耐，孩子可能會認為敏感是不好的。要求孩子忍耐的話語裡，其實某種程度上也是在告訴孩子：「你必須要忍耐，別人都能忍了，你怎麼做不到？」這會讓孩子認為別人都做得到，自己卻無法忍受，甚至會對自己感到失望。

因此，當孩子遇到某些特殊狀況感到很痛苦時，父母應判斷是否能先迴避那樣的狀況。就像工作有分輕重緩急，孩子也有非做不可的事、做一兩次就好的事、不做也無妨的事，只要把焦點擺在「非做不可的事」就好。

例如，如果孩子不喜歡和太多同學聚在一起的場合，就不一定要讓孩子參與所有的課後活動，只需要挑選必須參加的活動就好。不要因為是受歡迎的講座、其他家長推薦的課程，或是認為對孩子有幫助的團體活動，就強迫孩子一定要參加。

再舉另一個例子，有些孩子因為味覺和嗅覺比較敏感而挑食。如果父母希望孩子什麼都吃，於是對孩子說：「要吃菠菜才會像卜派一樣力大無窮喔！」就勉強把菠菜塞進孩子嘴裡。

然而，孩子真的非得吃菠菜不可嗎？當然不是。即使孩子不吃菠菜，也並不是什麼大不了的事，只要不會造成健康上的問題，不妨尊重孩子的喜好。孩子長大後可能自己就會吃，不必強迫孩子現在一定要吃菠菜。（像我小時候也不愛吃青椒，很討厭青椒的味道，但我現在很愛。）

如果孩子現階段並不需要經歷某些特定經驗，就請先帶孩子離開現場。掌握「能避免就避免」的原則，孩子才不會因此承受不必要的壓力，漸漸找回內在的安定感。當內心安穩了，才能鼓起勇氣再次嘗試。

能避免就盡量避免

當孩子看到父母「能避免就盡量避免」的態度後，也會從中學會適時拒絕的方法。在人際關係中，高敏感人時常因為不懂得拒絕，勉強被拉去參加聚會，因而感到痛苦不已。當孩子學會適時迴避，長大後也自然就比較懂得拒絕別人。透過決定優先順序的方式，盡可能避免不必要的刺激，方能學會調適敏感。

懂得適時迴避的孩子，也會比較有自信處理目前的狀況，可以不受外界影響，靠自己的力量解決問題。在不造成別人傷害的情況下，選擇自己想要的生活，不必迎合他人的目光，自在地過生活。

千萬不要強迫孩子忍耐，一味地忍耐並不是件好事，而是要學會「能避免就避免」，這才是生存之道。也絕對不能告訴孩子：「是你不夠努力」、「你意志力未免也太薄弱了吧！」敏感無關乎努力和意志力，只是天生特質與眾不同而已。

因此，請不要過度勉強敏感的孩子。如果孩子害怕別人的眼光，也不必要求他們非得要上臺演講。**父母應該要教孩子「如何調適敏感」，而不是要他們學會「忍耐壓抑」**。

調適敏感特質的方法之一，就是在可避免的情況下盡量避免，並希望孩子在成長過程中，遇到某些狀況時懂得適時避開。（當然也會有無可避免的時候，第四章中將會再進一步說明。）

如果一直要求孩子忍耐，

孩子可能會認為敏感是不好的。

看到父母「能避免就盡量避免」的態度，

孩子也會從中學會適時拒絕的方法。

透過自己決定優先順序的方式，

盡可能避免不必要的刺激，

方能學會調適敏感。

比起完美，更重要的是耐心

讓我們總結一下第三章的內容吧！

敏感並非孩子的錯，因此父母不必把目標擺在讓孩子變得不要那麼敏感，只需要幫助孩子學會調適敏感。

適時給予孩子安全感，並依循孩子的發展速度，讓孩子慢慢練習調適自己的敏感。此時，父母也需要留意是否為了滿足自己的私心而強迫孩子，如果並不是非做不可的事，不妨放寬心，讓孩子知道有些事不做也沒關係。

上述所有內容都圍繞著一個共通點，那就是教養高敏感兒時，最重要的是「父母的心態」。比起具體的教養技巧、針對各種狀況年齡的因應策略，父母的心態才是最重要的。當父母抱著正確的心態，任何教養技巧和教養策略均適用。一旦能尊重孩子與生俱來的特質，即使教養方式不同，也不會偏離太多。

如實地接納孩子原本的樣子，不需要特別的技巧，也不是只有完美的父母才辦得到，是每個人都做得到的事。父母即使不完美，也能給予孩子安全感，以智慧取代焦慮的態度對待孩子。必須成為完美父母的心理壓力，反而會讓父母變得焦躁不安，更容易犯錯。

以適合孩子速度的步伐前進

育兒不是速戰速決的短期戰爭，而是長期抗戰，是一場父母和孩子一起跑的馬拉松。就像想要跑完馬拉松，必須適時調整步伐；在育兒過程中，父母也需要觀察孩子的發展速度，並覺察自己的內在變化。此外，跑馬拉松時不需要每跨出一步就隨時檢視自己的姿勢和呼吸，同樣的道理，育兒時也不必為了每一件小事而太過傷神。

父母只需要當陪跑員，在旁邊陪著孩子一起前進就好。毋須和其他孩子比較，讓孩子按照自己的速度前進。如果父母跑在太前面，孩子會筋疲力盡；如果父母落後太多，孩子也會無法前進。因此，父母所需要做的就是保持適當的速度和距離，和孩子一起前進就好。

到最後會發現，父母需要的不是育兒技巧而是「耐心」。比起聰明的腦袋，更重要的是寬容的心態。不妨放下焦慮和不安，讓孩子感受到父母內在的平穩。

若能經常回頭檢視和孩子一起走過的路，並且和孩子一起為了你們已經走了這麼遠而感到歡欣鼓舞，那麼你就已經是足夠好的父母。

如實地接納孩子原本的樣子，

不需要特別或困難的技巧，

是每個父母都做得到的事。

父母需要的不是育兒技巧而是「耐心」，

比起聰明的腦袋，

更重要的是「寬容的心態」。

不妨放下焦慮和不安，

讓孩子感受到父母內在的平穩吧！

高敏感兒的安心教養學（三）

- 尊重孩子與生俱來的特質，讓孩子感受到「我愛你本來的樣子」。
- 給予孩子安全感最簡單的方法，就是經常和孩子眼神交流並與孩子進行身體上的接觸，看著孩子的眼睛微笑。
- 即使孩子的發展速度緩慢，也不要過度焦躁，而是耐心等待孩子。不拿孩子和其他孩子比較，只要按照孩子自己的速度，陪孩子一起前進就好。
- 要求孩子忍耐之前，請先留意孩子是否已經達到忍耐極限？面對特定的狀況，孩子是否還有餘力應對？是否已做足準備？
- 比起完美，耐心更重要。每天一步一腳印，在旁邊陪著孩子一起前進就好。

CHAPTER 4

將敏感轉化成天賦的七張處方箋

到目前為止，針對父母面對高敏感兒的理想教養態度，我們已有所了解。若能進一步學習教養高敏感兒的實踐方法，從基礎到應用就能全盤掌握了。不過，這裡所介紹的育兒方法，並非一成不變的法則，只需要把它當成參考，進而找到屬於自己的育兒之道。

教養高敏感兒有必須遵守的大原則，也有可視情況調整的部份。如同前面所提到的，育有高敏感兒的父母，應以正向態度看待敏感，同時抱持正確的心態面對高敏感兒，這部份是必須遵守的大原則。

然而，教養方法卻可以依照不同狀況和孩子的個性進行調整。倘若對別人建議的教養方法，完全不假思索地照單全收，不僅成效不彰，還可能造成反效果。

第四章最終的目標在於幫助父母，找到屬於自己的一套育兒方法。只要能以正確的態度面對高敏感兒，任何方法都是可行的。大家可以盡情發揮創意，找出適合孩子的方法。不妨以本書中提供的育兒方法為基礎，思考哪些方法對孩子更有幫助吧！

留心觀察後再詢問孩子

想要了解高敏感兒，必須先留心觀察後再詢問孩子。如果不觀察，就無法了解孩子不舒服的原因；如果不提問，也可能會引發誤會。觀察後再詢問孩子，也意味著必須先關心孩子，透過觀察進一步了解孩子的敏感特質。

好好觀察眼前的孩子吧！觀察孩子在什麼樣的狀況下會感到不適？對什麼東西特別敏感？倘若孩子只有在特定情況才會這樣，很容易就能找到孩子不適的原因。但很多時候父母必須細心觀察，才能釐清敏感的原因。了解孩子不舒服的原因後，父母才有辦法協助孩子解決問題，或給予孩子適當的回應。

觀察孩子的小技巧

觀察孩子時，在此提供幾項小技巧給父母參考，相信會有所幫助。

第一，**必須站在孩子的角度檢視狀況**。如果孩子不喜歡洗澡，可以從孩子的觀點去思考。

孩子可能是怕地板太滑會跌倒，或是對水溫敏感不想洗澡；也可能是討厭水流動的聲音或水被吸進排水孔的聲音、害怕浴室裡的回音，甚至擔心會掉進水裡。

原因有千百種，倘若想要知道「孩子為何會如此？」，一樣得先站在孩子的立場思考。或許對父母而言，這些事沒什麼好大驚小怪，但孩子可能會突然被嚇到，進而出現敏感反應。

第二，**在觀察孩子時，不要急著馬上介入**，經過充分觀察後，再介入也不遲。

如果剛上幼稚園的孩子對上學感到恐懼，不要急著對孩子說：「別怕，這又沒什麼！」而是先問孩子：「○○，怎麼了？你在害怕什麼呢？」

當然，孩子非常難受時，父母可能會一邊抱著孩子，一邊告訴孩子「別怕」。

然而，哪怕只是問孩子一句「怎麼了？」，也都能帶給孩子安全感。

再舉一個例子，假設孩子在幼稚園不願意跟初次見面的小朋友說話，與其勉強孩子和別人互動，倒不如先關心孩子，問他是不是有不舒服的地方，先耐心等孩子情緒穩定下來。

第三，**要特別留意孩子非語言訊息的部分**。孩子用言語表達出來的內容固然重要，但也必須仔細觀察孩子的表情、肢體動作和姿勢。

雖然孩子嘴巴上說「沒關係」，但表情和動作明顯看起來充滿焦慮和恐懼，就表示孩子內心其實是不舒服的。尤其是未滿一歲的孩子還不太會說話，只能透過非語言的訊息溝通。

即使是不大會說話的孩子，也可以透過觀察表情和動作了解孩子，觀察孩子是否出現哭鬧、失眠、煩躁、表情僵硬、做惡夢等現象。因此，就算孩子沒說出口，也必須多注意非語言訊息的部分。

觀察後再具體提問

重點在於必須先經過觀察，再詢問孩子。如果孩子只想穿同一件衣服，可以問孩子為什麼特別喜歡穿那件衣服？當孩子拒絕穿其他衣服時，也可以問孩子為什麼不喜歡那件衣服？是不喜歡衣服的顏色、觸感、款式，或是有其他原因？孩子也有可能只是單純喜歡穿同一件衣服，不喜歡變化。

當孩子不吃某種食物時，也一樣可以先觀察後再詢問。可以問孩子是不喜歡食物的味道、顏色、形狀還是口感？或是不喜歡咀嚼食物發出的聲音或食物的調味方式？又或者可能跟食物本身無關，只是因為蛀牙或肚子不舒服。

若孩子感到不適，可以問孩子：「○○，媽媽可以知道是什麼原因讓你這麼難受嗎？」、「你怎麼了？可以告訴我嗎？」當父母關心孩子的狀況，並詢問孩子哪裡不舒服，也能幫助孩子釐清狀況，思考自己在什麼樣的情況下，會因為什麼事情感到難受？如此一來，孩子就能越來越了解自己的敏感。

當父母詢問孩子不舒服的原因，孩子也能試著釐清自己不舒服的感受，進而願意說出來。之後，孩子因為敏感而感到不適時，就不會刻意隱藏，而是學會積極面對。孩子長大後遇到困難時，也能坦率地說出來。不必勉強自己忍耐，而是能學會向他人求助，幫助自己調適敏感。

「有不懂的地方就問」，是再自然不過的事。然而在親子關係中，卻經常見到不斷猜測的情況。「這孩子為什麼會這樣？」、「以前也是這樣，這次大概也一樣。」父母很容易出現這樣的想法，連問都沒問，就直接幫孩子解決需求（或自認為孩子有需求）。

然而，如果父母沒有詢問孩子，而是自己臆測，認為「這孩子本來就這樣」，反而會讓孩子誤以為父母對自己漠不關心，甚至對自己失望透頂。再加上，如果只是猜測而不詢問孩子，孩子或許也無法坦率地表達自己的感受。

孩子明明可能已經到了難以承受的程度，仍硬撐著說自己可以忍耐。孩子內在的焦慮和不安並未獲得解決，只是不斷累積，這樣下去很可能哪天就會突然爆炸，讓父母和孩子陷入驚慌失措。

不詢問容易導致誤解

如果不詢問孩子，而是一直告訴孩子：「沒事的，這沒什麼大不了的。」這麼做只會造成反效果。孩子就沒有機會去思考，在某些特定的狀況下，自己有什麼感受？可能也會讓孩子覺得自己似乎做錯事。這部分與前面提到的「不要急著馬上介入」，是基於同樣的出發點。

請仔細觀察孩子的感受，詢問孩子為什麼會覺得不舒服吧！經由觀察後再詢問，慢慢地就能越來越了解孩子，也就比較不會像先前那麼焦慮。當父母明白孩子難受的原因後，就有自信解決目前的狀況。如此一來，孩子也會感受到父母內在的平穩與輕鬆。孩子看到父母採取先觀察再詢問的態度，也會有所學習，學會從客觀的角度去理解父母並掌握狀況。

孩子透過父母學會了看待自己的方式，也學會如何與敏感和平共處。當父母不以負面的角度看待敏感，而是抱著好奇心看待孩子時，孩子也能學會自我覺察，並開始探索自我。

必須站在孩子的角度檢視狀況，

觀察孩子時，不要急著馬上介入，

多觀察孩子展現出來的非語言訊息。

看見父母採取的「先觀察後詢問」姿態，

孩子也會有所學習，

學會客觀地看待自己，

學會如何與敏感和平共處。

重點在於同理孩子

高敏感兒的內心往往充滿不安，此時父母應該要試著「同理」孩子。

一位名叫娜熙的孩子，因為擔心父母會突然消失，不知該如何是好，為此陷入焦慮。當娜熙慢慢了解死亡的概念後，對於父母也可能會死掉的事，總是惶恐不安。即使告訴娜熙：「死亡並不可怕，任何人都會死掉。」但這樣的話，真的能夠安慰到她嗎？

這就像是對害怕雷聲的孩子說：「打雷的聲音只是天上雲層撞擊發出的聲響，沒什麼好怕的。」對於減輕孩子內在的焦慮沒有幫助。光憑父母客觀的說明和判斷，無法降低孩子的不安。

對食物味道特別敏感的孩子而言，他們害怕嘗試不熟悉的食物。有些孩子則是害怕影子、螞蟻、蟲子，甚至還會被風聲嚇哭。不僅害怕接觸陌生人，就連想像中的怪物也會畏懼三分。

如果是完美主義型的孩子，遇到事情不如己意時，會感到非常挫折。此時孩子所感受到的恐懼、焦慮和挫敗感，都是真實不虛的。

事實上，孩子內心充滿了擔憂、焦慮、恐懼和挫折感，如果告訴孩子：「吃那個又不會怎麼樣」、「沒什麼好怕的」、「世界上沒有鬼這種東西」，這些話基本上都是父母出於判斷做出的說明，對孩子並沒有太大的幫助。

在父母眼裡看來，孩子恐懼和擔憂的事情，或許看似不理智或不合邏輯，但孩子卻是真的如此相信並感受到。正在長大的孩子，本來就不像大人那麼理智和講求邏輯，客觀理解和掌握狀況的能力也還處於發展階段。孩子會害怕一些沒什麼好怕的東西，擔心一些不必擔心的事物。因此，無論父母提出再怎麼合理的證據和理由向孩子解釋，孩子仍無法接受，依舊會感到不安。

當一個懂得同理孩子的父母

前面曾經提到過，父母必須先給予孩子安全感。對這些孩子來說，比起解釋和說明，「同理和鼓勵」更能有效帶給孩子充足的安全感。

透過同理和鼓勵先讓孩子獲得安全感後，再客觀地向孩子說明情況也不遲。尤其孩子年紀越小，越容易感到不安，應該先安撫孩子內心的不舒服。那麼，有哪些具體的做法能幫助父母同理孩子的內心，並予以鼓勵呢？

首先，父母要先讓孩子明白：感到擔憂、恐懼和焦慮是很正常的，並不是件奇怪的事。

「〇〇很怕媽媽會突然不見對吧？我也是呢，媽媽每次和〇〇分開時，也會很難過。」可以像這樣同理孩子的感受；或是分享自己過去類似的經驗，像是「爸爸小時候聽到打雷的聲音也會很害怕，也會像你一樣躲在棉被裡」，也是不錯的方法。

或者，也可以讓孩子了解到，焦慮不一定是壞事。「看到我們家〇〇這麼早就開始在擔心和媽媽分開，媽媽可以感受到○○真的很愛媽媽，媽媽也一樣很愛你喔！」讓孩子知道之所以會感到不安，其實是因為他們很愛父母。

如果孩子害怕嘗試陌生事物，則可以對孩子這麼說：「我們家○○很謹慎呢！」孩子的不安可能是對某件事物的情感很深，或是出於自我保護，又或者是想要表現得更好，父母可以找到孩子不安的原因，並試著引導孩子。

然而，同理和鼓勵的話語必須要真誠，絕對不能欺騙孩子。例如：當孩子害怕去醫院打針時，不要告訴孩子：「打針一點也不痛！」打針不可能完全不痛，應該對孩子這麼說：「針刺進去時，會稍微有點痛痛的，但一下下就結束了！」孩子聽完後當然有可能會更排斥打針，但不能因為這樣就說謊騙孩子。一旦孩子知道父母說的話不是真的，將可能再也不相信任何安慰和鼓勵的話語。

雖然可能稍微有點離題，但還有一件事想告訴大家，那就是「讚美的技巧」。讚美也跟同理和鼓勵一樣，必須要發自內心，誇大不實的讚美，反而會讓孩子看不見自己原本的樣子。

有時候，父母為了讓孩子鼓起勇氣，可能會告訴孩子：「你不管做什麼都很棒！」但如果孩子特別害怕站在人群面前說話，這時候對孩子說：「我們家○○本來不是可以勇敢地站在臺上演講嗎？是今天哪裡不舒服嗎？」這麼說並不會讓孩子產生勇氣，反而會讓孩子感到更有壓力。當孩子卡關時，不必刻意誇獎孩子說他表現很棒，而是試著同理孩子難受的心情。

「你今天上臺講話是不是特別緊張？沒關係，我們再多練習，之後再來挑戰吧！等你覺得自己準備好了，再試試看也無妨。」這麼說才能帶給孩子更大的安慰和鼓勵。基於同樣的道理，也應該盡可能避免對孩子說：「我相信你一定會做得很好的，不用緊張。」因為這麼說，反而會讓孩子覺得自己不能表現不好，會給自己更大的壓力。

不過，有些父母可能會抱怨：「孩子真的沒什麼值得讚美的地方。」雖然沒有值得嘉許的地方，但還是會想辦法虛意誇讚孩子。每當這時候，我都會這麼對父母說：「並不是孩子沒有值得讚美的事情或行為，而是要靠我們積極發掘才能看見。」

唯有父母多觀察孩子，看到孩子正向的改變和優點時，才能看見孩子值得讚美的地方。當孩子考一百分時，相信每個父母都會誇獎孩子。然而只憑分數誇獎孩子，並不是正確的做法。如果孩子上次考試考六十分，這次考了七十分，就必須要稱讚孩子的進步。

孩子上個月不敢嘗試的事情，現在卻願意嘗試，這也同樣是值得嘉許的事。原本在幼稚園不敢靠同學太近，但現在卻敢站在旁邊看別人玩，光是這樣的進步也值得鼓勵。

若是孩子害怕上臺演講，也可以試著找出孩子的優點，對孩子說：「看來〇〇比起上臺發表意見，更擅長聆聽呢！」

對於不喜歡變化的孩子，則可以這麼說：「〇〇真的很有毅力，一旦做某件事，就會想要堅持到底。」

父母所要做的，就是看見孩子的改變，並找到孩子的優點予以稱讚，而不是說謊騙孩子。只有父母用心觀察孩子，並努力發掘孩子正向的一面，才能好好地讚美孩子。

不是敷衍的安慰，而是發自內心的同理

讓我來出一題來考考大家，面對害怕戰爭發生的孩子，應該怎麼說比較好？對孩子說「不會有事的，別擔心」嗎？敷衍的安慰對孩子並不會有幫助，這麼說似乎並不妥，應該要先同理孩子不安的感受。

那麼，如果對孩子說：「即使發生戰爭，○○也不會有事的。」這種說法有比較好嗎？當戰爭發生時，不可能有人倖免於難，因此這樣的說法也一樣不恰當。

比較理想的反應，應該是像這樣：「○○你很擔心會發生戰爭嗎？的確，萬一要是真的戰爭了，許多人會因此受傷，也會被迫與家人分開，爸爸也很怕戰爭發生。不過，○○你為什麼會突然有這種想法呢？」

告訴孩子這麼多，並不是件壞事。因為既能讀懂孩子不安的心情，也詢問孩子焦慮的原因。事後再以淺顯易懂的方式向孩子說明，盡可能地讓孩子理解，也是不錯的方式。

面臨狀況不同，應對方式也不同，沒有既定的標準答案。只要不偏離「同理比評估判斷更重要」、「鼓勵和讚美必須發自內心」的大原則，基本上任何方法都是可行的。

重新檢視自己過往的言語和行為，如果有需要修正的地方，再慢慢調整改過就好。父母哪怕是無心脫口而出的一句話，孩子都會聽進心坎裡，無論做什麼，孩子也都會在旁邊仔細觀察，這點也請銘記在心。

父母應該讓敏感的孩子知道，
感受到不安的情緒
並不是件「奇怪的事」。

父母必須仔細觀察孩子，
找出正向的改變或優點，並告訴孩子。
並不是孩子沒有值得讚美的事情或行為，
而是要靠我們積極發掘才能看見。

比起評估判斷，更重要的是同理孩子，
並發自內心真誠地鼓勵和讚美孩子。

有需要時，幫孩子創造環境

先前曾提到，父母在面對高敏感兒時，建議採取「能避免則避免」的態度。然而，如果遇到孩子不喜歡，卻非做不可的情況，例如，坐車時要繫安全帶、一個人上廁所、去新學校上課、和同學一起寫作業、參加重要的家族聚會等，又該怎麼做才好呢？

孩子必須經歷過這些狀況，才能建立基本的生活習慣和社交關係。此外，透過這些不舒服的體驗，也才能學會如何調適自己的敏感。如果孩子避開所有的情況，反而會造成敏感問題加劇，內心的不安感越來越嚴重。況且，一旦習慣逃避，之後想再嘗試挑戰，就會變得更加困難。

因此，應該在合適的時間點鼓勵孩子體驗各種狀況。唯有孩子親身體驗過，才能知道自己對敏感的掌控程度。

面對過去難以忍受的狀況，如果現在可以承受，孩子就能獲得自信，也不必再刻意迴避。經歷過更多的體驗，調適敏感的能力也會越來越進步。

創造孩子可承受的環境

當孩子必須經歷不舒服的體驗時，父母應該盡可能幫孩子創造可承受的環境。創造環境的方法之一，就是減輕孩子受到刺激的程度。

例如，如果孩子對聲音敏感而不敢搭車，可以利用耳塞或戴耳機的方式，幫助孩子稍微減緩刺激；如果孩子對震動敏感，也可以讓孩子坐在鬆軟的墊子上；如果孩子怕黑，則可以在房間開小夜燈，即使孩子半夜醒來，也比較不會被嚇到。

如果孩子在人多的地方會感到緊張，可以暫時帶孩子出去透透氣再回來。面對無可避免的情況，若父母沒有幫孩子減輕受刺激的程度，只是一再要求孩子忍耐，只會讓孩子感到精疲力盡。

另一個方法是採取階段性的方式，幫助孩子適應狀況。送孩子去幼稚園上課時，如果孩子不想和父母分開，或害怕和陌生人相處，一開始父母可以陪孩子待在幼稚園一段時間。

此時，孩子只需要先練習待在新環境就夠了，千萬不要強迫孩子和初次見面的老師或同學一起玩。當孩子開始熟悉新環境後，再陪著孩子認識老師和同學。接著，父母再慢慢和孩子拉開距離，拉長分開的時間即可。

若孩子特別害怕某種動物，可以讓孩子和動物娃娃一起玩，或讓孩子先從動物照片或影片開始接觸。如果是對聽覺特別敏感的孩子，可以先從微弱的聲音漸進式讓孩子聆聽；如果孩子不喜歡吃某種食物，一開始可以先把食物切碎，之後再慢慢讓孩子接觸食物的原型。

我們可以透過各種不同的方式，幫助孩子慢慢適應，減輕孩子的恐懼和受到刺激的強度。

適時讓孩子面對困難的課題

在認知發展理論中，有一項概念是「近側發展區」（the Zone of Proximal Development），指的是當孩子無法獨自解決問題，但可以透過別人幫忙學習到的能力發展區。適時讓孩子自行處理「不會太過簡單，也不會過於困難」的考驗，能幫助孩子學習成長，同樣的理論也適用在高敏感兒身上。

父母可以給予孩子適度的刺激，讓孩子慢慢學會適應。如果孩子害怕接觸人群，不必強迫孩子參加大型團體活動，而是先從刺激程度較小的小規模活動開始參與。孩子才不會覺得壓力太大，也才能漸漸學會如何與人相處。

最後還有一個方法，盡可能讓孩子以正向情緒取代負向情緒。如果孩子會怕水，可以利用遊戲用的顏料或玩具，讓孩子在戲水池中開心玩耍。

如果孩子害怕影子，則可以利用手電筒和孩子玩皮影遊戲。對於去幼稚園有分離焦慮的孩子，也可以讓孩子把心愛的娃娃帶在身邊，安撫他的心情。

如果孩子待在人多的地方會緊張，就讓他坐在熟悉的朋友旁邊；如果孩子對觸覺特別敏感，可以讓他嘗試玩不同材質的玩具，或和父母彼此互相按摩，也是不錯的方法。

如果孩子對食物的味道、香氣和質地特別敏感，不喜歡吃某些水果，可以在麵包上塗抹孩子喜歡的果醬，把水果切碎放進麵包裡，讓孩子嘗試看看。或者可以和孩子一起準備料理，透過有趣的體驗，取代孩子對某些特定食材的負面感受。

創造自然情境藉此改變人們的行為，即為「輕推效應」（Nudge Effect）。舉例來說，在疫情時代下，比起強迫大家保持社交距離，在排隊區每隔一公尺處畫上腳印，人們自動就會拉開距離。

高敏感兒的父母也必須善用「輕推效應」，不是用強迫的方式，而是創造讓孩子能夠自然而然改變的環境。

要創造孩子可承受的環境，

必須減輕孩子受到刺激的程度，

並採取階段性的方式，

讓孩子慢慢適應。

高敏感兒的父母可以善用輕推效應，

不是用強迫的方式，

而是創造讓孩子能夠自然改變的環境。

事前準備與練習的必要性

高敏感兒通常很討厭變動。他們不喜歡自己制定的規則被打破，也很難適應陌生環境，對於不熟悉的事物會很排斥，甚至深感厭惡。

和陌生人見面、行程無預警變動、玩得正開心被打斷、更改物品原本擺放位置……，這些狀況都很容易讓高敏感兒感到疲憊、倦怠和不安。因為他們對於原則被打破和面對新環境的焦慮感和陌生感，感受比別人更強烈。倘若父母在這時候又不斷催促孩子，只會讓孩子壓力更大，孩子可能會邊哭邊吼，陷入情緒崩潰狀態。

尤其是對新環境適應困難的高敏感兒，更需要花時間進行事前演練。若能給予孩子充分的時間，事先預告狀況並提前做足準備，就能減輕孩子的慌張與不安。幫助孩子更順利適應環境，讓父母和孩子都能感到安心。

「事前準備」對高敏感兒是必要的

舉一個簡單的例子。出國旅行時，對外界環境敏感的孩子，生活步調很容易被打亂，睡眠環境改變和時差適應困難，導致孩子難以入睡。不只在國外旅行時難受，就連回國也需要花很長的時間，重新找回生活步調。

因此，旅行前必須稍微調整孩子的就寢時間和起床時間。配合旅行當地時間，以漸進式的方法改變生活步調。此外，也可以戴眼罩或帶著平時睡覺用的枕頭，幫助孩子適應時差，讓孩子順利入睡。

對於難以融入團體的孩子而言，也需要事前準備與練習。父母可以事先告知孩子大概有多少人會參加，以及預計停留的時間。參加聚會時，也可以一起設定挑戰目標，像是在聚會待三十分鐘、和朋友揮手打招呼等，先從容易達成的目標開始著手。

如果孩子不敢和新朋友搭話聊天，可以事先和父母討論練習，也可以看著鏡子練習，或是寫下幾句簡單的問候語，甚至可以準備小禮物送給朋友。

出門前，先告知孩子接下來的行程，光是這麼做就能降低孩子對改變的抗拒。當孩子有心理準備，知道可能會發生哪些事情，就比較不會那麼焦慮，也不會那麼抗拒。因為對孩子來說，真正讓他們感到痛苦的並非某些特定狀況，而是「無預警」的改變。

舉例來說，對於熱愛堆積木的孩子而言，玩到一半要他們暫停，並不是件容易的事。當孩子玩得正起勁時，突然跟他們說要出門，孩子可能會吵著說：「我要玩完這個再走！」甚至崩潰大哭。在孩子開始堆積木前，先告知孩子等一下什麼時候要出門，如果距離出門的時間所剩不多，建議一開始就挑選可以在短時間內完成的遊戲。若是孩子還沒有時間概念，與其告訴孩子幾分鐘後要出門，不如告訴孩子：「當指針走到這裡，我們就要出門囉！」具體告訴孩子結束的時間點。

尤其像是去醫院時，孩子雖然討厭卻不得不去，更需要事先告訴孩子。可以簡單告知孩子為什麼要去醫院？去醫院可能會遇到哪些狀況？也可以用娃娃演小短劇，幫助孩子在去醫院前先做好練習準備。

當孩子聽到要去醫院，開始哭鬧不休時，父母可能會後悔事先告知孩子。然而，孩子也必須要學會面對無可避免的狀況。倘若父母因為怕孩子哭鬧，而對孩子說謊，雖然暫時風平浪靜，但等孩子到了醫院，孩子所感受到的背叛感，對他們來說是更大的傷害。再加上，說謊會破壞孩子對父母的信任，因此即使狀況再怎麼棘手，都必須對孩子說實話。

然而，孩子如果光是看到身穿白袍的醫生，就會嚇得渾身發抖，也不必提前好幾天告知孩子。不過，至少也得在去醫院的幾小時前，溫柔地告知孩子。讓孩子在事先知道（心理有準備）的狀況下再去，會比較好。

練習越充分，越能自信面對挑戰

任何人想要勇於面對挑戰，都必須經過事先準備和練習，但對敏感的孩子而言，確切的準備與練習尤為重要。若孩子害怕遭受別人批評，勉強答應朋友無理要求，就必須練習開口拒絕。孩子可以和父母一起討論，如何拒絕才能既不傷害對方，又能表達自己的意見。

如果孩子想不出方法，父母也可以告訴孩子具體做法，練習精準表達自己的意見給對方，例如：「我也很想幫你的忙，但我可能做不到。」陪孩子進行角色扮演，也是不錯的方法。最好也可以進一步告訴孩子，清楚表達自己的想法與遭受別人批評，是完全不相干的兩件事。

太在意他人目光的孩子，對於站在人前說話這件事很抗拒。倘若無法避免，必須上臺進行發表，孩子可能會因此擔心到整晚睡不著覺。此時，更需要陪著孩子一起練習，當準備越充分，就能減輕孩子的不安。

英文有句諺語是這麼說的：「Practice makes perfect.（熟能生巧）」，練習雖然不見得能達到完美，但至少可以讓孩子獲得自信與勇氣。這份自信與勇氣將會成為一股力量，能夠戰勝別人的目光，不再為此感到不安與緊張。

總歸而言，對於難以適應變化的高敏感兒，預先告知狀況和事前演練，有助於減輕孩子的不適。能避免則避免，能調整就調整，如果預期會碰到哪些棘手的狀況，也可以事先做好準備。如此一來，孩子就能慢慢適應。

千萬不要在準備時間不夠充足的情況下，去勉強逼迫孩子。讓孩子按照自己的速度，準備好後再嘗試挑戰。基本原則與〈給孩子充分的安全感〉是一致的，父母的態度不能過度急躁。等孩子自己準備好之後，再決定是否嘗試挑戰。

電影《寄生上流》（*Parasite*）有一句臺詞是：「原來你都計畫好了啊！」聰明的父母在教養高敏感兒時，也必須做好計畫——那就是懂得預測狀況並事先告知孩子，給孩子充分時間慢慢準備。

期盼大家都有自己的「計畫」，能更有效幫助孩子調適自己的敏感特質。

對於不喜歡變動的高敏感兒，

事先練習是必要的。

若能給孩子充分的時間，提前做好準備，

就能減輕孩子的慌張與不安。

千萬不要在準備時間不夠充足的情況下，

去勉強逼迫孩子。

讓孩子按照自己的速度，

準備好後再嘗試挑戰。

堅定的態度能讓孩子停止焦慮

面對焦慮的孩子，父母應該展現出堅定不移的態度。比起優柔寡斷，態度必須堅定。唯有如此，才能減輕孩子的焦慮。因為當父母的態度明確時，孩子的內心就能獲得安定。

我的診間曾經來了一位名叫賢智的孩子，每當與父母分開時，他都會感到特別害怕。像賢智這樣有嚴重分離焦慮的孩子，送他去幼稚園上課並不是件容易的事。賢智的父母每天早上都因為孩子哭鬧不休，弄得心情相當沉重。

看到孩子哭泣的樣子，父母往往會出於愧疚，想要再抱抱孩子，面露哀傷地和孩子說再見。這時候，孩子如果對父母說：「我不想去幼稚園，我要跟爸爸（媽媽）在一起。」父母很容易就會心軟。

倘若父母受到孩子的話語影響，態度開始動搖，孩子就會抱著不切實際的希望，覺得「只要我哭鬧，就可以不去幼稚園」。抱著這樣的希望，反而會讓孩子的分離焦慮變得更加嚴重。

父母應該明確地告訴孩子，孩子必須去幼稚園上課，自己也必須去公司上班。接著，以堅定的口吻和孩子道別，面露微笑地對孩子說：「我們等等晚上見！」和孩子擊掌後再出門。

道別儀式越簡潔越好，太過冗長的十八相送，只會讓父母和孩子身心俱疲。只要讓孩子知道，回家後一樣會再見面就好。當父母的態度堅定而明確，孩子才能更快接受事實，也比較不會那麼難受。

敏感型的孩子一開始去參加團體活動時，經常會感到不安。此時，父母所要做的就是仔細觀察並做出判斷，在一旁觀察孩子的表情、姿勢和動作，觀察孩子是否能適應環境？是否能接受？再展現出明確的態度即可。

經過評估觀察後，判斷孩子應該能接受，也可以適時鼓勵孩子，或告訴孩子：「要不要試試看？但如果真的很不舒服，隨時都可以跟我說，爸爸（媽媽）可以帶你出去。」這也是不錯的方法。

反之，如果孩子看起來真的很不舒服，孩子也對活動沒什麼太大興趣，不必要求孩子強忍敏感所造成的不適，勉強孩子繼續參與活動。儘管是再受歡迎、再難報名的活動，都應該先帶孩子離開現場。

父母的態度搖擺不定，只會讓孩子更痛苦。一旦判斷這件事利大於弊，就不要猶豫立刻展開行動。當父母的態度明確且一致，孩子即使之後有機會再嘗試挑戰，心情上也會比較輕鬆。

指令要明確而具體

面對容易受周遭刺激影響而分心的孩子，父母的指令應該清楚明確。感官敏感型的孩子，即使聲音再小也聽得見，環境稍有變化也會注意到，因此很容易分心。此時，父母對孩子下達指令時，必須明確而具體，模稜兩可的指令只會讓孩子更混亂。

首先，請幫孩子設定具體的任務和目標。與其對孩子說：「去寫功課！」不如告訴孩子：「接下來的二十分鐘內，可以從這一頁寫到那一頁嗎？」；與其對孩子說：「去打掃！」不如告訴孩子：「請把積木放到那個籃子裡。」或是「可以幫我把這個拿去垃圾桶丟掉嗎？」此外，記得一次只給一個指令就好，孩子不可能同時寫功課、打掃和刷牙。

只要明確地告訴孩子，目前當下最重要的一件事，讓孩子去完成。當任務越明確具體時，即使是容易分心的孩子，也可以遵循指示進行。關鍵在於下達的指令，必須是孩子可以做到的。

如果是孩子不想做，但必須要做的事情，父母只要簡單明確地告知孩子即可。像是去看牙醫，就只要向孩子簡單說明看牙醫的原因。雖然孩子聞到醫院的味道會覺得不舒服，聽到令人起雞皮疙瘩的電鑽聲可能會嚇到，但同理完孩子的心情後，也要明確告知孩子這是無法避免的事情。

對觸覺敏感、排斥繫安全帶的孩子，與其對他長篇大論的說明，不如簡單明瞭地告知理由，並告訴孩子即使不喜歡也得繫上安全帶。

只要簡單地告訴孩子：「不繫安全帶後果不堪設想，所以坐車時一定要繫上安全帶。」若是父母的態度含糊，反而會讓孩子覺得有機可乘。

同理孩子的感受後，同時設立行為規範

最後，當孩子出現「問題行為」時，父母必須讓孩子明確知道是非對錯。所謂的問題行為，是指對自己或他人造成傷害、對社會造成困擾的行為，像是朝別人丟東西或是恣意謾罵。

敏感的孩子容易受到外在刺激，因此也很容易感到疲憊和厭倦。父母可以同理孩子的感受，對孩子的心情感同身受，了解孩子內心的煩悶。然而，父母也必須明確告知孩子，不能因為生氣就亂丟東西或亂罵別人，這樣的行為是不被允許的。

這麼說並不表示要訓斥或責備孩子，而是應該告訴孩子哪些行為是被允許的，哪些行為是不允許的，讓孩子知道行為的準則與規範。父母要同理孩子煩悶的心

情，同時也必須教導孩子是非對錯的觀念。

當有明確的規範時，孩子就會試圖掌控自己的行為。一旦行為準則確實且一致時，孩子就不會感到困惑。

例如，當弟妹出生後，孩子通常會變得特別敏感。可能會無緣無故發脾氣，容易不耐煩，甚至會說他討厭弟弟（妹妹）。然而，如果孩子因為生氣就刺弟弟（妹妹）的眼睛，那該怎麼辦？我們當然不能默許這樣的行為。

即使理解孩子是因為沒有從父母身上獲得充分關注，進而出現嫉妒的情緒，但也必須明確告知孩子，這樣的行為很危險，這麼做是不對的。換句話說，「同理孩子的感受後，同時幫孩子設立行為規範」。（關於弟妹出生後，該如何處理高敏感兒的情緒問題，將在第五章進行詳盡說明。）

對於天生敏感容易不安或分心的孩子，父母必須簡單明瞭地想法傳達給孩子。根據狀況作出明確判斷，一旦決定後就不要猶豫。對於容易受到刺激的孩子而言，態度堅定的父母，將會是孩子信任和依靠的對象。

無論是一意孤行的孩子、凡事只想逃避的孩子，或是出現問題行為的孩子，父母展現出明確的態度，對孩子都是有幫助的。當父母制定明確的標準時，孩子會知道什麼是對的、什麼是錯的，什麼可以做、什麼不能做，也更懂得如何表達焦慮和煩悶的心情。如此一來，孩子就能慢慢調適自己的敏感。

面對焦慮的孩子，

比起優柔寡斷，父母的態度必須堅定。

唯有如此，才能減輕孩子的焦慮。

當父母的態度明確時，

孩子的內心就能獲得安定。

當父母制定明確的標準時，

孩子會知道什麼是對的、什麼是錯的，

什麼可以做、什麼不能做，

也更懂得如何表達焦慮和煩悶的心情。

以客觀的角度看待事情

害怕和父母分開的孩子，擔心父母會發生不好的事情。即使發生意外的機率只有百分之一，孩子仍感到擔憂不已，心裡總是想著父母會不會出車禍或生病。他們認為這世界充滿了危險，就算父母只是出門倒垃圾，對孩子來說都是極為煎熬的事。

太在乎別人目光，不斷留意別人細微表情變化的孩子，往往會覺得對方也是用放大鏡在看自己，認為對方會挑出自己的小毛病或失誤來指責自己，因此總是小心翼翼地看別人臉色行事。一旦孩子被拒絕，可能會開始胡思亂想，心想著：「是不是我做錯了什麼？」、「他是不是討厭我？」變得更加畏縮。

對自己要求很高，凡事追求完美的孩子，即使一點點小失誤，也會視為是天大的失敗。因為對孩子來說，不完美就沒有任何意義，只要事情不如預期時，很容易產生挫敗感，甚至感到惱怒。當他們解不開難解的數學題時，即使受挫哭泣，也會堅持自己設法完成；或是如果一開始就覺得自己無法做到一百分，很可能連嘗試都不願意。

這些敏感的孩子有一項共同點，那就是看待任何事情的角度，總是負面大於正面居多，認為實際狀況遠比想像更危險。他們所想像的危險程度，並不是輕微生病或受傷，而是生命受到威脅或面臨死亡的程度。

此外，他們會以「非黑即白」的思維邏輯判斷，認為所有事情不是成功就是失敗、不是好就是壞，沒有所謂的中間值。換句話說，孩子在看待事情時，「思考的框架」偏向負面，想法非常極端。因此，孩子會更加擔憂害怕。

如何避免極端思維？

要讓這種個性的孩子不要那麼負面、不要那麼極端，看待事情時能夠同時考量正面與負面，那該怎麼做？

如果能引導孩子從現實層面思考父母遇到危險的可能性，孩子在與父母分開時，就比較不會那麼恐慌。同時，也必須讓孩子知道別人不會一直評估檢視自己，就算做錯了，別人也不會因此討厭自己，這樣想就能讓孩子放鬆心情，也才能嘗試與陌生人接觸。

任何人都無法完美，也不必完美，光是願意嘗試就足夠。只要相信這點，就能放鬆心情，也能鼓起勇氣。一旦改變思考框架，孩子的感受和行為也會有所不同。

事實上，想法、感受和行為是互相影響著的。我們的想法會影響我們的感受，進而影響行為。因此，想要改變行為和感受，必須先掌控「想法」，想法改變了，感受和行為也會有所不同。

如果孩子心裡想著：「在別人面前出糗的話，大家都會嘲笑我。」自然不敢上臺發表，會覺得別人的眼神看起來很可怕。恐懼感導致全身緊繃，聲音也變得顫抖，以為大家都抱著看好戲的心態，等著看自己出糗。負面的想法引發負面感受，孩子所表現出來的行為，也會失去自信。

然而，一旦孩子改變想法，認為「失誤也沒關係，下次再改進就好」、「反正先試試看，真的不行下次再挑戰就好」，心情就會變得比較輕鬆，取代焦慮和恐懼的是自信和從容不迫的心態。由於心態上沒那麼緊張，言語和行為也就比較自然，就能按照平時準備的正常發揮。

那麼，要怎樣才能改變負面思考的習慣呢？最重要的是，必須先客觀地看待事情。當跳出極端思維，以客觀角度冷靜地看待事情時，就能理性地思考。

想要緩解孩子的負面情緒，以正向的方式改變他們的行為，父母可以協助孩子客觀地看待事物。倘若孩子還辦不到，父母可以找出新的觀點提供給孩子參考，讓孩子透過觀察父母所提出的觀點學習，慢慢調整過度極端的想法。

幫助孩子客觀看待事物的方法，也是從「改變自己的想法」開始做起。不妨先想想看：「孩子為什麼會這樣？」和孩子一起思考，為什麼遇到某些事情會特別不舒服？在那個當下的感受是什麼？有什麼樣的想法？和孩子一起深入探討。一開始，孩子可能還無法掌握自己的想法和感受。此時，父母可以依照孩子的個性，透過以下的提問方式，進一步詢問孩子。

對感官刺激敏感的孩子，可以問他：「為什麼不喜歡吃這個食物？是討厭吃起來軟軟的口感嗎？還是味道太過嗆鼻？吃起來有什麼感覺？」

如果是害怕和新朋友相處的孩子，則可以問他：「剛剛本來要跟朋友打招呼，但你卻躲在媽媽背後，可以告訴媽媽你遇到的困難是什麼？有什麼樣的想法？覺得孩子們都在看你，稍微有點不自在嗎？」可以像這樣詢問孩子當時的感受，協助孩子找出不舒服的原因。

關鍵在於父母必須先關心孩子為何會感到不舒服？試著和孩子一起找出不舒服的原因。在這個過程中，孩子就會發現自己的想法如何影響感受，可能也會意識到，自己是不是想法太過極端？進一步從父母提出的新觀點，以不同的角度看待各種狀況。如此一來，孩子就能學會客觀地看待事情。（幫助孩子以客觀的角度看待事情的更多方法，在一九三頁的專欄會再詳加說明。）

最後，還有一點要提醒大家，父母也得先客觀地觀察自己的想法、感受和行為，觀察自己是不是太過心急？是否給孩子太大的壓力？比起孩子的優點，是否只專挑孩子的缺點看？

如果父母會因為孩子沒有滿足自己的期待，對孩子發脾氣或感到無力，就是一種危險的訊號。此外，父母也要留意自己的狀態是否太過疲累，或深陷在憂鬱的低潮中？

當父母以極端的角度看待事情時，孩子也會以極端的角度看待世界。倘若父母只看孩子不好的一面，孩子也會認為自己不夠好。父母應該展現給孩子以客觀角度看待世界的思考框架，並如實地看待孩子原本的樣子。

想法、感受和行為會互相影響，

不同的想法造就不同的感受和行為。

倘若孩子無法客觀看待事物，

父母可以找出新的觀點提供給孩子參考。

讓孩子透過觀察父母所提出的觀點學習，

慢慢調整過度極端的想法。

適時尋求專業協助

最後讓我們一起來了解，當孩子遇到需要協助的狀況時，該如何處理？前面提到的「以客觀角度看待事情」，這句話的意思不表示「只要觀察就好」。當孩子需要協助時，父母也必須鼓起勇氣向專家請求協助，這才是之所以需要「客觀觀察」真正的用意。

倘若孩子因為敏感特質而深陷痛苦，或焦慮到無法自拔時，應視情況予以孩子協助。任何人都會因為敏感而感到痛苦和不安，但如果情況太過嚴重，即使父母再怎麼努力，也無法減輕孩子的痛苦時，就必須尋求專業協助。

那麼，怎樣的情況才算「嚴重」呢？判斷孩子是否過度痛苦和焦慮，以下有幾個方法。

首先，可以觀察孩子離開誘發敏感的環境後，是否恢復平靜？像是對聲音敏感的孩子，在離開吵雜的環境後，若能迅速冷靜下來，父母就可以放鬆心情繼續觀察。反之，即使帶孩子離開到一個安靜的地方，過了一陣子孩子仍舊摀著耳朵哭泣，覺得更痛苦和不舒服。持續時間不是五分鐘、十分鐘，而是三十分鐘甚至是一個小時以上，導致父母和孩子都身心俱疲。如果是這樣的情形，很可能就需要尋求專家協助。

陷入焦慮無法自拔時，需請求專家協助

所謂的「嚴重」指的不僅是孩子不舒服的程度，也包括持續的時間在內。當主照顧者變動、弟妹出生或轉學等發生劇烈環境變化時，建議至少觀察一個月後再做判斷。

有些孩子在面臨環境變化時，會更變得加敏感。原本和同學處得很好的孩子，轉學後也可能和朋友處不來，變得不想去學校，甚至不敢在新同學面前說話。此時，即使孩子不舒服的狀況持續一個月，也只要不斷鼓勵孩子，讓孩子感到安心，

繼續觀察即可。

倘若孩子這樣的狀況持續六個月以上，父母不必獨自煩惱，請找專家討論尋求協助吧。事實上，根據精神科醫師診斷時的參考依據《精神疾病診斷與統計手冊（第五版）》（*The Diagnostic and Statistical Manual of Mental Disorders, Fifth Edition*），出現在兒童、青少年身上的焦慮症狀，大部分必須持續六個月以上，才會列入評估標準，避免對暫時出現的焦慮症狀做出過度診斷。

不過，分離焦慮症（Separation Anxiety Disorder）是以持續四週以上為評估基準，選擇性緘默症（Selective Mutism，在特定社交場合沉默不語）和恐慌症（Panic Disorder）則是以持續一個月以上為基準——尤其是去新學校後出現的選擇性緘默症，孩子在剛去的第一個月出現這樣的狀況都視為正常，是適應期間會出現的狀況，並不符合診斷標準。

錯過發展階段、出現傷害行為

當孩子為了逃避敏感帶來的痛苦，因而無法學會該時期應該學會的事物，或與父母、同儕關係出現問題時，也一樣必須尋求專業協助。

例如，孩子因為敏感特質在家裡和父母發生衝突，或和同學處不來而拒學，即可視為「情節嚴重」。孩子難以承受敏感特質帶來的痛苦，因而錯過成長路上必須要體驗的友情、玩樂和學習經驗，這時候就需要尋求協助。

還記得前面提到的艾瑞克・艾瑞克森（Erik H. Erikson）的「心理社會發展理論」嗎？在孩子成長過程中，有一些必須要學會的事物，在孩子未滿一歲前，對孩子來說，最重要的就是學會「信任」父母，以及對世界抱以「希望」。

根據心理社會發展理論，滿一到三歲的學步兒，必須學會「自理」，也就是學會「自己的事情自己處理」。這個概念如果看過二到三歲的孩子，不用別人幫忙，可以自己穿衣服、自己堆積木，應該就能理解這個概念。假如高敏感兒因為焦慮不安，害怕參加各種外界活動，經驗範疇太過狹隘，總是希望爸媽代為處理，孩子就會失去學習自理的機會。

六至十二歲學齡期兒童則必須學會「勤勉」。這時期的孩子，凡事都想做到最好，渴望獲得稱讚。當他們越有成就感，就越有自信，自然會繼續堅持下去。看看那些每天傍晚在戶外練習跳繩的孩子吧！他們是不是很認真呢？孩子不僅透過跳繩提升體能，再加上和朋友一起練習，也能培養社交技巧。

當然，透過學習也能提升認知能力和智力。然而，若是高敏感兒總是迴避和朋友相處的場合，甚至不敢去學校，孩子就無法培養學習技巧和社交能力，可能也會變得缺乏自信。

事實上，在判斷孩子是否過度焦慮、是否出現問題時，難免會有些主觀。因此，父母必須信任並遵循自己的直覺。從孩子的表情、姿勢和肢體語言，相信大多數的父母都能看出孩子有多麼辛苦。如果孩子看起來極為痛苦，父母也總是對孩子擔心不已，建議立即尋求專業協助。

此外，若孩子出現危險舉動，也請尋求專業人士幫忙，而不是等孩子的情況自然好轉。例如，當孩子受到外界刺激出現敏感反應，無法控制焦慮的情緒，甚至會咬傷或抓傷自己；或是當事情不如預期時，孩子深陷挫敗感而朝父母丟東西或出現暴力舉動。一旦孩子出現傷害自己和他人安全的行為，就必須立刻尋求專業協助。透過專業諮詢，進一步理解並解決孩子的問題行為，對孩子和父母來說都會是很大的幫助。

父母也可能會因為覺得孩子太過敏感，而忽略了孩子所面臨的其他困境。當孩子並非受到特定刺激，甚至是在未受到任何刺激的安穩狀態下，依舊無法集中注意力，或者並不是因為焦慮而害怕跟人對到眼，而是眼睛本身無法聚焦；抑或是發現孩子在情感交流有困難時，都建議先尋求專業評估。

父母可能也需要協助

有時候，就連父母也需要尋求協助。在第一章中，曾提到父母偶爾也可能會對孩子出現負面情緒。即使暫時覺得孩子沒那麼可愛也沒關係，任何人都會經歷情緒起伏，短暫陷入負面情緒風暴中，問題並沒有那麼嚴重。

不過，當父母一直無法擺脫負面情緒時，就必須尋求協助。例如，覺得孩子不如人或老愛惹麻煩時，可能就會出現問題。如果父母總是覺得心情沉重，或感受不到任何一絲喜悅和欣喜之情時，就要特別留意。這種狀況大概可以說是正向心態和負向心態失衡，若父母看到孩子時，總覺得心情煩悶，或父母本身感受不到幸福和喜悅時，建議鼓起勇氣尋求專業協助。

為人父母的你，若有任何疑慮或問題，請隨時尋求專業幫助。雖然從書本、網路文章和影片中，可以找到相關資訊；但如果翻遍書本和影片，仍找不到問題的答案，請不要猶豫立即找專家諮詢。尋求專家協助，並不表示孩子或家長有問題，有不懂的地方就問，這是再自然不過的事。相信專家會很樂意提供協助，幫助你解決困難，諮商室的大門隨時為你敞開。

即使父母再怎麼努力，
也無法減輕孩子的痛苦時，
就必須尋求專業協助。

如果孩子看起來極為痛苦，
父母也總是對孩子擔心不已，
建議立即尋求專業協助。

專欄 — 父母必須要知道的事

幫助高敏感兒客觀看待事情的技巧

前面曾經提到過，父母應該要幫助孩子學會客觀地看待事情，對吧？透過向孩子提問，可以讓孩子自己意識到當時的感受、想法和行為。不過，提問並不是唯一的方法，還有哪些方法可以幫助孩子培養掌握狀況的能力呢？

● 寫日記

對擅長寫作的孩子而言，寫日記似乎也是不錯的方法。孩子在寫作的過程中，能慢慢察覺到自己在什麼樣的情況下會特別不舒服，以及為何會感到不舒服。試著問孩子在當下有什麼想法，是否還有其他可能性？倘若孩子可以想出比較不極端、比較不負面的想法，也不失為是一個好的開始。

事先討論解決方案

也可以事先和孩子討論，如果之後發生同樣的狀況，有哪些解決方法？可以詢問孩子的想法，像是要怎樣才比較不會害怕去上廁所？當孩子害怕人潮眾多的超市時，父母也可以和孩子一起思考，怎麼做才能幫到孩子？

幫情緒打分數

倘若孩子會因為別人的表情和舉動，導致情緒起伏嚴重，試著將當時的情緒依強度區分為-5分到+5分，也會有所幫助。人的情緒狀態是一條連續線，並不是只在-5分和+5分之間來回震盪。然而，對情緒劇烈波動的孩子而言，他們所感受到的情緒狀態可能就只有-5分和+5分也說不定。

假如孩子只會以-5分和+5分兩種極端狀態表達自己的情緒，可以試著引導孩子理解情緒感受在程度上的不同。例如：「如果-5分是指媽媽永遠消失不見，再也看不到媽媽，當時你的情緒狀態真的是-5分嗎？如果你知道媽媽其實就在附近，所感受到的情緒強度會不會再更小一點？」那麼，孩子就不會對某些特定狀況過度執著，也能客觀看待自己當時的情緒狀態。

● 寫下自己的優缺點和鼓勵的話語

對於缺乏自信的孩子，可以讓孩子練習找出自己的優點和缺點，試著讓孩子寫下覺得自己表現很好的地方，以及做得不夠好的地方。如果孩子只看到自己不好的地方，寫了很多自己的缺點，父母可以陪孩子一起挖掘他的優點。如此一來，孩子就能更客觀、更正面看待自己。

此外，試著讓孩子寫下嘉許或鼓勵自己的話語，練習對自己信心喊話，也是不錯的方法，像是「我的速度雖然稍微慢了一點，但我會按照自己的腳步慢慢前進。」當孩子面臨恐慌或焦慮的狀況時，自然能夠想起這些自我激勵的話語，並從中獲得力量，重新調整自己的狀態。

改變思考框架的過程，需要很長的一段時間，父母得和孩子一起不斷努力。倘若孩子因為過度恐慌，認為不可能或做不到，父母可以找出孩子自己沒發現的優點，並將這些優點告訴孩子。這也就是為什麼父母必須留心觀察孩子，並以正面的心態看待孩子的敏感特質。

高敏感兒的安心教養學（四）

- 比起評估判斷，更重要的是同理孩子，尤其孩子年紀越小，越容易感到不安，同理和鼓勵的話語必須要真誠。
- 幫助孩子創造能夠克服敏感的環境，能避免就避免、能調整就調整，如果事先知道會遇到困難，就提前做足準備。
- 只要明確地告訴孩子目前當下最重要的一件事，讓孩子去完成。關鍵在於下達的指令，必須是孩子可以做到的。
- 盡可能幫助孩子客觀地看待事物，找出孩子未發掘的新觀點，並與孩子討論分享。
- 當孩子需要協助時，父母必須鼓起勇氣尋求專業協助。這正是之所以需要「客觀觀察」真正的用意。

CHAPTER 5

高敏感兒教養實例

案例1

弟弟出生後，孩子變得更黏人

在孩子一歲八個月大的時候，弟弟出生了。老大原本個性就比較敏感，弟弟出生後，情況似乎變得更嚴重，總是黏在我身邊，一刻也不想和我分開，而且變得很愛發脾氣。只要看到我在照顧弟弟，就會吵著要我跟他玩，有時甚至還會把弟弟推開。

孩子應該是覺得我只在乎弟弟才會這樣，娘家媽媽建議我週末把老大交給她帶，讓他和弟弟稍微分開，我該怎麼做才好？

當家中有弟妹誕生後，經常會看到孩子變得跟以前不大一樣的案例。原本個性溫順的孩子，突然變得脾氣暴躁，也很容易陷入擔憂，甚至出現退化行為。倘若孩子原先個性就比較敏感，反應也可能比過去更為激烈。

不妨試著站在孩子的立場，思考孩子為何會有這樣的表現？弟妹出生後，身邊的人焦點都擺在新生兒身上。剛出生的小寶寶，也需要父母花更多心思照顧。然而，老大也一樣還只是個孩子，無法體諒父母難為的處境。他們可能會覺得自己不像以前那樣備受寵愛，因此容易心煩意亂，再加上深感自己在家中的地位一落千丈，也難免會焦慮不安。

通常未滿兩歲或三歲的孩子，在弟妹出生後，很容易會有這樣的表現。這是因為未滿兩歲的孩子，物體恆存（Object Permanence）❸的概念尚未發展完全，當父母不在身邊時，孩子會覺得世界像是瓦解了一樣。這也是為什麼未滿兩歲的孩子容易出現分離焦慮的原因。

即使父母只是稍微離開去照顧一下弟妹，孩子也會因為父母不在身邊而感到焦慮，擔心父母會突然消失，再也看不見他們。因此，對於二至三歲物體恆存概念尚未發展完全的孩子而言，弟妹出生後，在某種程度上會覺得父母「被搶走了」，很容易感到不安，也會變得更加敏感。

那麼，父母該怎麼做比較好呢？

孩子之所以會變得更敏感，是因為沒有獲得足夠的安全感。如果周末假日再把孩子和父母分開，反而會加劇孩子內心的不安。基於這個原因，我不建議刻意讓孩子與父母暫時分開。

在這裡，我比較傾向的做法是「先給予孩子安全感」。父母必須先同理孩子內在的不安，並試著理解孩子的敏感。

若是娘家媽媽可以來家裡暫時幫忙照顧老二，媽媽就可以趁這段時間和老大單獨約會。一小時也好，三十分鐘也好，重點不在於時間長短，而是陪伴的品質。當孩子感受到父母滿滿的愛與關懷，哪怕只是短暫片刻，就能減輕孩子的焦慮與不安。孩子對弟妹的不滿與嫉妒，也會逐漸消失。

---

❸ 指當物體無法被感官所察覺時，這些物體仍然存在。

案例2 孩子不想去幼稚園

我的孩子滿兩歲了，卻不想去幼稚園上課。每天早上起床就開始哭鬧，吵著不要去上學，甚至走到一半還會直接躺在地上耍賴，也會找各種理由晚到。每次送他去幼稚園，都像一場夢魘，搞得我和孩子都筋疲力盡。我必須回去公司上班，身邊也沒有人可以幫忙照顧孩子，因此不得不送孩子去幼稚園。但看到孩子這麼痛苦，就會覺得自己好像做錯了，覺得很對不起孩子。我該怎麼做才好？我應該把工作辭掉嗎？

許多父母會因為孩子的教育、工作和育兒倦怠等各式各樣的理由，決定送孩子去幼稚園上學。孩子如果可以開開心心出門上學，那當然是最好不過了，但對高敏感兒來說，去幼稚園上學並不是件容易的事。面對陌生的環境與變化，孩子往往會變得更加敏感，也難以適應幼兒園生活。

面對這樣的狀況，父母該怎麼做才好？先前在第三章和第四章中，曾提到父母應具備正確的態度與教養方法，同樣的原則也適用在不想去幼稚園的孩子身上。針對前面提到的內容，經過充分理解後，再加上自己的創意，任何人都可以找到屬於自己的一套方法。也可以參考以下列舉的做法。

① 敏感並不是孩子的錯

- 接納孩子不想去幼稚園這件事

- 盡可能不讓孩子覺得自己做錯事

② 教孩子學會調適敏感

- 陪孩子一起找出緩和焦慮的方法
- 陪孩子一起練習適應幼稚園環境

③ 給孩子充分的安全感

- 當孩子焦慮時，好好陪伴孩子
- 和孩子約定好會在同一時間去接他

④ 不要太過急躁

- 接納孩子需要比其他孩子更長的時間去適應幼稚園生活
- 以一至兩週為單位觀察孩子的進步，而不是每天確認

⑤「能避免就避免」原則

- 再次評估是否必須送孩子去幼稚園
- 若只是因為擔心孩子太晚去幼稚園，可能會缺乏社交能力，就不必太急著送孩子去

⑥比起完美，更重要的是耐心

- 當父母秉持一致性的態度，能帶給孩子安全感
- 父母也必須進行自我察覺，自己是否太過疲累或態度反覆？

⑦留心觀察後再詢問孩子

- 試著思考看看，孩子不想去幼稚園真正的理由是什麼？是不想和父母分開？還是和老師或同學不熟？或者覺得上學不好玩或太累？孩子是否只有去之前會哭鬧，但進學校後又適應良好？或是父母自己也對送孩子去

幼稚園這件事感到焦慮？先仔細觀察過後，再直接詢問孩子。

⑧重點在於同理孩子

- 獨自待在陌生的幼稚園，對孩子來說或許是可怕的體驗，試著理解孩子的心情
- 讀懂孩子內在的焦慮

⑨有需要時，幫孩子創造環境

- 試著和幼稚園老師溝通，採取漸進的方式，讓孩子慢慢適應幼稚園生活
- 確認幼稚園是否有不必要的刺激

⑩事前準備與練習的必要性

- 倘若父母打算回職場上班，必須在復職前預留充分的時間，幫孩子事先

做足準備後，再送孩子去幼稚園

- 如果孩子害怕跟別人說話，可以先和孩子一起練習如何和同學、師長打招呼

⑪ 堅定的態度能讓孩子停止焦慮

- 簡潔有力地跟孩子道別
- 如果確定要送孩子上幼稚園，態度就要堅定

⑫ 以客觀的角度看待事情

- 聆聽孩子的想法，了解孩子在幼稚園遇到的困境
- 檢視自己是否太過焦躁或不安

⑬ 適時尋求專業協助

- 若狀況持續好幾個月以上沒有好轉，建議尋求專業協助
- 孩子抗拒去幼稚園的過程中，一旦出現暴力舉動，就必須帶孩子尋求專家協助

上述內容只是舉例，父母可以自己多加思考，就能得到更多方法。此外，也可以透過影片或相關教養書籍學習，藉此獲得實用的技巧。只要不偏離大原則，方法就不會有錯。當父母秉持正確的態度，任何教養方法都能運用得宜。

最後，我想和大家聊聊關於孩子進入幼稚園的時間點。許多父母會問我，送孩子上幼稚園最理想的時機是什麼時候？以結論而言，並沒有所謂的最佳時機。雖然也有一種說法，指出最好等孩子二到三歲後，物體恆存概念

確立後，再送孩子去幼稚園上學會比較好；但依照自己的狀況和準備程度來決定，也不會有太大的問題。

即使父母必須提早送孩子去幼稚園，也請放下不必要的自責與焦慮。事前事後的準備工作，比決定何時送孩子去幼稚園更重要。不必因為別人的催促，勉強尚未準備好的孩子去幼稚園；也無須為了送孩子去幼稚園而感到愧疚，請相信你的選擇永遠是對的。

案例3

不想出門的孩子

我的兒子今年剛滿七歲要上小學，但他只想待在家裡，壓根不想出門。問他為什麼不想出門，他卻說怕外面的狗、怕鳥、怕蝴蝶，甚至怕摩托車和汽車。即使是很小的聲音，他也會被嚇到，就連坐車也經常會暈車。因此，他每天只想待在家裡，讓我感到很鬱悶。再加上他很怕生，身邊沒什麼朋友。想請問醫生，我該怎麼做才好？

上述案例中的孩子，應該就是典型的高敏感兒。他們往往會害怕特定的動物、物品、聲音，在移動和人多的場合，容易受到刺激。由於個性敏感，導致孩子很容易受到驚嚇，也變得不想出門。父母看到孩子這樣的表現，難免會感到鬱悶和擔憂，這樣的心情我完全能理解。

想要好好了解孩子，必須先觀察孩子目前處於何種發展階段。接著，確認孩子在這個階段中，有哪些應該學習的事物？如果孩子已經學會這個時期應該要學會的事情，只要運用先前提到的方法即可。然而，如果還是不行，就得尋求專家協助。

案例中的孩子是今年剛滿七歲的小一新鮮人。孩子在七歲時，應該學會哪些事物？這時期的孩子應該在學校學習各種科目，同時也在學習適應團體生活，練習和朋友相處，讓友情慢慢升溫。換句話說，孩子在此時必須透過親身經歷學習各種事物，像是學習知識、遵守規範以及和朋友互動。

在這個過程中，孩子的生活重心會從父母和家庭慢慢拓展到同學和老師，這也是成為青少年、成人，邁向更寬廣世界的第一步。此外，獲得稱讚和認同，也會讓孩子擁有自信和成就感。

現在，不妨請父母仔細想想，孩子去學校是否有所學習？是否有交到朋友？是否和朋友相處融洽，可以一起聊天開心玩耍？有些孩子因為受到外在刺激，感到不舒服只想待在家裡，但只要父母予以鼓勵和認同，孩子也可能會受到鼓舞，而開始願意去上學，和朋友一起開心玩耍。如果孩子是屬於這樣的情況，父母就可以稍微放下內心的不安。

試著回想先前提到的教養態度和育兒方法吧！相信任何人都可以想出具體的方法，只要能提升正面情緒，減緩負面感受，任何方法都可以。

父母可以嘗試帶孩子在人煙稀少的公園玩耍，與孩子一起創造美好的戶外體驗。此外，邀請跟孩子比較要好的朋友到家裡玩，讓孩子在家中練習與朋友互動，也可以減少外界刺激帶來的不適。當孩子越來越喜歡和朋友、父母共度的歡樂時光，將會帶給孩子正向的力量，讓孩子慢慢有勇氣願意走出戶外。

盡可能降低外界刺激可能造成的不適，對不敢出門的孩子來說也有幫助。出門前，先告知孩子要去哪裡？可能會遇到哪些狀況？事先告知孩子，能減輕孩子內心的恐慌。同時也要告訴孩子，當他真的無法忍受時，如何向他人請求協助？如果孩子怕光，可以讓孩子戴墨鏡；如果孩子對聲音敏感，也可以讓孩子戴耳機。

當孩子比上個月在外面待了更長的時間，或是敢開口說話的朋友變多了，又或者是孩子會和父母分享和朋友玩耍時發生的趣事，即使是小小的進步，都要替孩子感到開心，好好讚美鼓勵孩子。讚美會讓孩子更有勇氣，克服敏感帶來的不適。

不過，如果孩子因為敏感造成的不適感到很痛苦，或是害怕到完全不想和朋友見面，甚至是抗拒上學，失去體驗成就感和友情的機會，就必須積極介入幫助孩子。

此外，若是運用前面提到的方法，孩子依舊沒有好轉的現象，或者仍感到手足無措，也可以尋求專家的意見，共同找出更好的解決方法。這麼做除了可以幫助父母找到適合孩子的解決之道，也能提升父母的親職效能感。

案例4

孩子情緒很不穩定，常常無理取鬧

我們家的孩子目前兩歲十個月，只要事情不如他的意，或稍微有點不舒服，就完全無法忍受。一旦受到刺激反應就會很劇烈，開始又哭又鬧。孩子一鬧脾氣，我就會渾身冒汗，即便是自己的孩子，看了也會覺得害怕。明明孩子在別人面前連拒絕都不敢，不知道為什麼只會對爸媽耍賴，到最後沒辦法我們只能滿足孩子的要求，我該拿這樣的孩子怎麼辦才好？

相比其他孩子，情緒容易不穩定、對自己要求太高容易感到挫折的孩子，表達情緒的方式通常都很激烈。因此，他們會無理取鬧、大聲尖叫，甚至還會亂丟東西。看到孩子哭得歇斯底里、大吼大叫的畫面，父母往往會不知所措。一方面擔心孩子哭得上氣不接下氣，一方面又不知道該拿這樣的孩子如何是好，為了讓孩子不要那麼難過，父母最後只能妥協。

然而，父母也會擔心自己這麼做是不是對的，深怕孩子變成小霸王，為此陷入苦思。複雜沉重的心情，讓父母陷入糾結，不知該怎麼做才好，只能無奈地嘆息。孩子熟睡的臉龐明明看起來是如此可愛，卻也不免會害怕即將到來的明天。

面對上述的情況，父母會感到害怕、徬徨，甚至是挫折沮喪，這樣的心情我完全可以理解。但不管怎樣，應該要讓孩子知道哪些行為是被允許的？

哪些行為是不被允許的？同時，也要讓孩子學會控制情緒，練習如何面對無法避免的挫折，這些都是孩子必須要學會的課題。

試想，假如今天無理取鬧的不是孩子而是成年人，情況會是如何？假如朋友因為生氣，一股腦地把情緒發洩在你身上，朝你丟東西，或要求你必須按照他的方式才行，這段關係想必維持不了太久，我們應該會明確地告訴對方，這麼做是不對的。

面對高敏感兒時也是如此，朋友不應該對你做的事情，孩子也同樣不能對父母這麼做，因此父母必須告訴孩子行為規範的準則，這也是一種紀律教育。

父母必須制定明確的界線與標準，告訴孩子什麼是對的？什麼是錯的？同時也要讓孩子學會如何面對挫折。因為這些是孩子長大成人後，進入社會的必備條件。父母若能謹記教育的目的，並思考如何達成目的，就能進行正確的紀律教育。

如果覺得孩子沒有改變，或是看到孩子無理取鬧的樣子感到不知所措，請記得只要秉持一貫的原則教育孩子，孩子終究會改變，這是不變的道理。

想要幫助孩子建立正確的習慣，需要一些時間。受到刺激後情緒起伏特別大的孩子，也可能需要更長的時間學習。然而就算需要花時間，只要父母不動搖，能以堅定的態度對待孩子，孩子終將能學會遵守規範。雖然孩子與生俱來的個性不會改變，但表達情緒的方式和行為是可以改變的，因此請不要放棄，務必堅持下去。

倘若父母看到孩子痛苦的樣子，內心會有所動搖，也請記得父母的介入並不是在妨礙孩子，而是育兒必經的過程。當孩子學會以正確的方式表達情緒，懂得尊重別人，才能獲得尊重；當孩子能夠承受適當的挫折，才能在居大不易的世界中生存。

害怕孩子無理取鬧的父母，因為擔心讓孩子內心受創，不隨便對待孩子，是懂得為孩子著想的好父母。然而，這樣的父母缺少了一些教養的決心和勇氣。因此，在理解孩子的情緒後，也應該要幫助孩子學會遵守界線和規範，讓孩子擁有面對挫折的勇氣。

當父母秉持一貫的態度，孩子最後一定會有所改變。希望父母不要因為孩子生氣、孩子不願意、孩子看起來很痛苦等等，而錯過教育孩子的好機會。

結語
讓孩子學會與敏感和平共處

高敏感孩子只是與一般孩子不大一樣，因此父母在教養高敏感兒時，也必須採取不同的方式。然而，教養方法並無太大差異或特別之處，只要稍微調整一下觀點，並從書中學習與高敏感孩子的相處之道即可。

衷心期盼讀完本書後，大家能夠了解「和別人不一樣」不是錯，只是「特別了一點」。當父母能以不同角度看待孩子，方能幫助孩子建立正向的自我概念。當父母愛孩子本來如是的樣子，孩子也才會愛自己原本的樣子。

再次提醒大家，與其追求完美，不如耐心地練習書中的育兒方法，建議把這本書放置在顯眼處，經常拿起來翻閱。

當父母掌握基本原則後，再來就是要找到屬於自己的一套方法，在這個過程中父母會越來越有信心，孩子也能從中獲得自信。

倘若這本書能被廣泛運用，作為大家的行動指南，這對身為作者的我來說，是一件再開心不過的事了。誠摯地感謝願意花時間讀到最後的你們。

附錄

延伸閱讀

- **《孩子，你的敏感我都懂》**（*The Highly Sensitive Child*），**依蓮・艾倫（Elaine N. Aron）、丁凡譯，遠流出版社，2015**

本書有助於讀者們理解敏感特質，無論是東方或西方，都能找到高敏感孩子身上的共同點。此外，本書也提供針對不同年齡層高敏感兒的育兒指南，相信對大家會有所幫助。

- **《焦慮的孩子》**（*Recognizing Anxiety in Children and Helping Them Heal*）**保羅・福克斯曼（Paul Foxman）、郭妙芳譯，阿布拉出版社，2021**

本書重點旨在了解高敏感兒常見的「焦慮」情緒，學會辨別孩子成長過程中可能會出現的正常焦慮，以及需要介入幫助的嚴重焦慮是相當重要的。若擔憂孩子焦慮的症狀，建議可以閱讀本書，對焦慮有更進一步的了解。

- **《高敏感兒的另類育兒法》**（*How to Parent Your Anxious Toddler*），**娜塔莎．丹尼爾斯（Natasha Daniels）**，2015（目前無中譯本）

  本書介紹了教養高敏感兒時經常會遇到的情況，並提供教養高敏感兒需注意的事項以及實際解決方法。讀者可以透過書中提到的方法，進而找到屬於自己的方法。只要態度正確，方法就不會有錯。

- **《高敏感兒的特殊潛力》**（*Mein kind ist hochsensibel-was tun?*），**洛夫．塞林（Rolf Sellin）**，2015（目前無中譯本）

  書中針對高敏感兒進行詳細說明。不只是孩子，就連高敏感父母也需要學習調適自己的內心。父母可以透過這本書，學習如何有效調適自己的內心狀態，父母和孩子都一樣重要。

・**《為什麼我的孩子會這樣？》（우리 아이 왜 그럴까），崔治鉉著、王品涵譯，大好書屋，2022**

書中以淺顯易懂的方式說明兒童發展理論及教養原則，這套理論和原則對於高敏感兒也同樣適用。讀完《為什麼我的孩子會這樣？》後，再重新翻閱本書，相信更有助於理解。

高敏感孩子

只是與一般孩子不大一樣，

當父母能以不同角度看待孩子，

方能幫助孩子建立正向的自我概念。

當父母愛孩子本來如是的樣子，

孩子也才會愛自己原本的樣子。

family field
親子田 親子田系列057

看見孩子的高敏感天賦

首爾大學兒童精神醫師的高敏感兒教養法，讓怕生、愛哭鬧的孩子發揮優勢的13則安心處方箋

예민한 아이 잘 키우는 법 : 서울대 정신과 의사의 섬세한 기질 맞춤 육아

作　　　者　崔治鉉
譯　　　者　鄭筱穎
封 面 設 計　FE設計
版 型 設 計　顏麟樺
內 文 排 版　許貴華
責 任 編 輯　洪尚鈴
行 銷 企 劃　蔡雨庭、黃安汝
出版一部總編輯　紀欣怡

出　版　者　采實文化事業股份有限公司
業 務 發 行　張世明・林踏欣・林坤蓉・王貞玉
國 際 版 權　鄒欣穎・施維真・王盈潔
印 務 採 購　曾玉霞・謝素琴
會 計 行 政　李韶婉・許俽瑀・張婕莛
法 律 顧 問　第一國際法律事務所　余淑杏律師
電 子 信 箱　acme@acmebook.com.tw
采 實 官 網　www.acmebook.com.tw
采 實 臉 書　www.facebook.com/acmebook01

I S B N　978-626-349-260-8
定　　　價　350元
初 版 一 刷　2023年5月
劃 撥 帳 號　50148859
劃 撥 戶 名　采實文化事業股份有限公司
104台北市中山區南京東路二段95號9樓
電話：(02)2511-9798　傳真：(02)2571-3298

國家圖書館出版品預行編目資料

看見孩子的高敏感天賦 : 首爾大學兒童精神醫師的高敏感兒教養法 , 讓怕生、愛哭鬧的孩子發揮優勢的13則安心處方箋 / 崔治鉉著 ; 鄭筱穎譯 . -- 初版 . -- 臺北市 : 采實文化事業股份有限公司 , 2023.05
面 ;　公分 . -- (親子田系列 ; 57)
譯自 : 예민한 아이 잘 키우는 법
ISBN 978-626-349-260-8(平裝)
1.CST: 親職教育 2.CST: 育兒
528.2　112003808